中国能源供需报告

（2020年）

南方电网能源发展研究院有限责任公司　编著

图书在版编目（CIP）数据

中国能源供需报告．2020年/南方电网能源发展研究院有限责任公司编著．—北京：中国电力出版社，2020.11

ISBN 978-7-5198-5166-8

Ⅰ.①中…　Ⅱ.①南…　Ⅲ.①能源需求—研究报告—中国—2020　Ⅳ.①F426.2

中国版本图书馆CIP数据核字（2020）第222991号

出版发行：中国电力出版社
地　　址：北京市东城区北京站西街19号（邮政编码100005）
网　　址：http：//www.cepp.sgcc.com.cn
责任编辑：岳　璐（010-63412339）
责任校对：黄　蓓　马　宁
装帧设计：张俊霞
责任印制：石　雷

印　　刷：北京瑞禾彩色印刷有限公司
版　　次：2020年11月第一版
印　　次：2020年11月北京第一次印刷
开　　本：787毫米×1092毫米　16开本
印　　张：9
字　　数：123千字
印　　数：0001—1000册
定　　价：72.00元

南网能源院年度报告系列

编　委　会

主　任　金戈鸣

副主任　吴宝英　张良栋　胡志广　程其云　杜云辉

成　员　邹贵林　陈　政　朱浩骏　雷　兵　才　华

　　　　　黄　豫　张劲松　陈晓明　陈　岳　李　三

《中国能源供需报告（2020 年）》

编　写　组

组　长　朱浩骏

主笔人　姜颖达　肖天颖

成　员　饶　志　蒙文川　席云华　董　楠　杨少瑞

　　　　　孙思扬　黎立丰　陈　香　周　晓

前　言
PREFACE

2019年，全球能源结构持续向绿色低碳转型，能源消费总量199.6亿t标准煤，增速放缓，非化石能源消费占比提高至15.7%，是拉动能源消费增长的主力。我国能源结构进一步优化，能源消费总量稳步增长至48.6亿t标准煤，同比增长3.3%，非化石能源消费占比快速提升至15.2%。能源生产总量39.7亿t标准煤，增速加快，供需形势总体趋于宽松。南方五省区能源消费总量7.2亿t标准煤，同比增长4.1%，增速快于全国，非化石能源消费占比28.9%，远高于全国平均水平。

《中国能源供需报告（2020年）》对比分析了2019年全球、我国能源发展形势，从能源需求、供给、关键指标等多个维度重点分析总结了我国以及南方五省区的能源发展状况，对2020年和2021年我国能源发展情况进行了预测，研判了“十四五”能源发展形势并给出相关建议。

《中国能源供需报告（2020年）》是南方电网能源发展研究院有限责任公司年度系列专题研究报告之一，旨在为能源电力行业的业内人士及其他关心能源发展的专家学者提供参考。

本报告在编写过程中，得到了中国南方电网有限责任公司计划与财务部、市场营销部等部门的悉心指导，在此表示最诚挚的谢意！

鉴于水平有限，报告难免有疏漏及不足之处，恳请批评指正！

编　者

2020年10月

目 录
CONTENTS

概　述

（一）2019年全球经济及能源总体情况

2019年，全球经济下行趋势明显，增速为金融危机以来最低水平。全球贸易保护主义持续升级、贸易政策不确定性增加、地缘政治局势紧张以及主要新兴市场国家经济下行等因素持续拖累全球经济活动，根据国际货币基金组织研究结果，2019年全球经济生产总值（Gross Domestic Product，GDP）增速2.9%，为2008年金融危机以来最低水平。

全球能源消费增速放缓，非化石能源是拉动能源消费增长的主力。2019年全球能源消费总量199.6亿t标准煤，同比增长1.3%，增速下降1.5个百分点，其中石油消费同比增长0.8%，天然气消费同比增长2.0%，煤炭消费同比下降0.6%，非化石能源消费同比增长4.8%。非化石能源对能源消费增长的贡献率达55.1%，是拉动能源消费增长的主力。

能源持续向绿色低碳转型，煤炭消费占比下降，非化石能源消费占比进一步提升。煤炭消费占比27.0%，同比下降0.6个百分点。石油消费占比33.1%，同比下降0.1个百分点。天然气消费占比24.2%，同比提高0.1个百分点。非化石能源消费合计占比15.7%，同比提高0.5个百分点。

可再生能源发电快速增长，煤炭、天然气生产缓慢增长，石油生产小幅下降。2019年全球可再生能源发电量同比增长6.0%，其中光伏发电增长最快达26.3%，其次是风能13.5%，其他可再生能源同比增长1.7%；煤炭生产同比增长1.5%，石油生产同比小幅下降0.1%，天然气生产同比增长3.4%。

国际能源供需呈现新格局。在供给侧，能源生产重心加速向西半球转移。美国凭借页岩油气革命成为全球最大的油气生产国，同时也成为全球第三大油气出口国，油气供应中东地区一家独大的传统格局转变成为沙特、俄罗斯、美国三足鼎立的新格局。在消费侧，全球能源需求增速持续放缓，能源消费重心向东半球转移。欧美发达国家能源消费总量趋于稳定，亚洲新兴国家能源需求持续增长，在能源消费市场的地位进一步提升。

（二）2019 年我国经济及能源总体情况

2019 年，我国经济保持平稳增长。全年国内 GDP 99.1 万亿元人民币，同比增长 6.1%，增速远高于全球平均水平。

我国能源消费总量稳定增长。2019 年我国能源消费总量 48.6 亿 t 标准煤，同比增长 3.3%，增速与上年持平。

我国能源结构持续优化，非化石能源消费占比持续提升，提前达到“十三五”规划目标。2019 年我国煤炭消费 39.3 亿 t（折合 28.0 亿 t 标准煤），同比增长 1.0%，占能源消费总量 57.7%，同比下降 1.5 个百分点；原油消费 6.5 亿 t（折合 9.2 亿 t 标准煤），同比增长 6.8%，占能源消费总量 18.9%，与上年基本持平；天然气消费量 3044 亿 m^3（折合 4.0 亿 t 标准煤），同比增长 8.6%，占能源消费总量 8.2%，同比提高 0.4 个百分点；水电、核电、风电等非化石能源消费占比 15.2%，同比提高 0.9 个百分点，提前一年达到“十三五”规划目标。

我国能源生产增速加快。2019 年我国一次能源生产总量 39.7 亿 t 标准煤，同比增长 5.1%，为 2012 年以来最快增速。其中非化石能源增速最快，同比增长 9.9%，占能源生产总量 18.8%，同比提高 0.8 个百分点。

能源利用效率不断提升，节能降耗成效显现。2019 年我国单位产值能耗为 0.62 t 标准煤/万元，同比下降 1.3%。2011 年以来，我国单位产值能耗逐年降低，能源利用效率持续提升。

我国能源供需总体形势逐渐宽松，能源供应能力进一步加强。2019 年，我国能源生产同比增长 5.1%，高于能源消费增速 1.8 个百分点，为近十年来最大增速差，反映出我国能源供应能力有所增强，供需总体形势逐渐趋向宽松。

全社会用电量增速放缓，第二产业用电占比持续下降，第三产业用电占比不断提高。2019 年，我国全社会用电量 7.2 万亿 kWh，同比增长 4.5%，增速下降 4 个百分点。其中，第二产业用电量占全社会用电量的 68.3%，同比下降

0.7个百分点；第三产业用电量占比16.4%，同比提高0.6个百分点；居民生活用电量占比14.2%，同比提高0.1个百分点。

装机容量保持稳定增长，电源结构进一步清洁化。2019年末，全国发电装机201 066万kW，同比增长5.8%。其中，火电装机容量119 055万kW，同比增长4.1%；水电装机容量35 640万kW，同比增长1.1%；核电装机容量4874万kW，同比增长9.1%；并网风电装机容量21 005万kW，同比增长14.0%；并网太阳能发电装机容量20 468万kW，同比增长17.4%。

全国电力供需总体平衡。东北和西北电力略有富余，华北、华东、华中、南方区域总体平衡。

（三）南方五省区经济及能源总体情况

南方五省区经济较快增长，能源消费总量稳步提升。2019年，南方五省区GDP总量17.4万亿元，同比增长6.6%，占全国GDP的17.6%。能源消费总量7.2亿t标准煤，同比增长4.1%，占全国能源消费总量的14.8%。

南方五省区非化石能源消费占比远高于全国平均水平。2019年南方五省区煤炭消费4.5亿t，同比下降0.6%；天然气消费311.5亿m^3，同比增长7.2%；非化石能源消费占比持续提高，2019年占比28.9%，远高于15.2%的全国平均水平。

随着产业结构优化调整和节能降耗力度加大，能源利用效率持续提升。2019年，南方五省区单位产值能耗0.5t标准煤/万元，同比下降2.3%，好于全国0.62 t标准煤/万元的平均水平。南方五省区范围内广东能源利用效率最高，2019年降至0.37 t标准煤/万元，低于浙江、江苏与山东等能耗大省，居全国第二（北京第一）。

全社会用电量保持较快增长态势。2019年南方五省区全社会用电量12 432亿kWh，同比增长6.9%，增速下降1.4个百分点，但仍高于全国水平2.4个百分点。

第三产业和居民生活用电量保持较快增长，对全社会用电量增长的贡献率

超50%。第二产业用电量同比增长4.9%，占全社会用电量的64.1%，对全社会用电量增长的贡献率为46.0%；第三产业用电量同比增长11.6%，占全社会用电量的17.5%，贡献率28.2%；居民生活用电量同比增长10.3%，占比16.9%，贡献率24.4%。

充分发挥区域水电资源优势，有色金属行业高速发展。2019年，滇桂黔有色金属行业延续2018年高速发展态势，对三省区全社会用电量增长的贡献率41.2%。其中广西有色金属行业用电量同比增长28.7%，对本区全社会用电量增长的贡献率41.0%；云南有色金属行业用电量同比增长11.5%，对本省全社会用电量增长的贡献率29.0%；贵州有色金属行业用电量同比增长15.5%，对本省全社会用电量增长的贡献率69.2%。

电力装机清洁化比例持续提升。6000kW及以上电厂机组中，水电、风电、核电等清洁能源装机同比分别增长1.4%、16.9%和13.4%，合计同比增长5.0%，较火电装机增速（4.4%）快0.6个百分点，电力装机清洁化比例持续提升。

电力电量总体平衡，但区域性、时段性电力供需矛盾仍较为突出。电力供应偏紧时段主要集中在枯汛交替期间以及岁末年初局部时段。清洁能源消纳情况得到明显改善，广西实现“零弃水”“零弃核”，云南弃水电量仅17亿kWh，同比减少158亿kWh。

（四）能源发展展望

2020上半年能源需求受疫情影响较严重，供给侧受影响程度相对较小。在需求侧，我国煤炭、成品油和电力消费出现不同程度下滑，天然气消费呈低速增长态势；在供给侧，总体受疫情影响程度小于需求侧，煤炭产量同比小幅增长，发电量于4月恢复正增长，天然气和原油产量依然保持增长，其中原油产量增速高于上年同期水平。煤炭、原油进口量有所增加，天然气进口增速放缓。

预计2020—2021年能源消费总量保持增长，但2020年能源消费增速放缓。

按 2019 年水平进行折算，预计 2020 年能源消费总量 49.6 亿 t 标准煤，同比增长 2.0％，增速下降 1.3 个百分点；2021 年能源消费总量 52.4 亿 t 标准煤，同比增长 5.8％。

预计 2020 年能源生产增速放缓。按 2019 年水平进行折算，预计 2020 年能源生产总量 41.0 亿 t 标准煤，同比增长 3.7％，增速下降 1.4 个百分点；2021 年能源生产总量 43.0 亿 t 标准煤，同比增长 4.7％。

第 1 章

全球宏观经济形势及能源总体情况

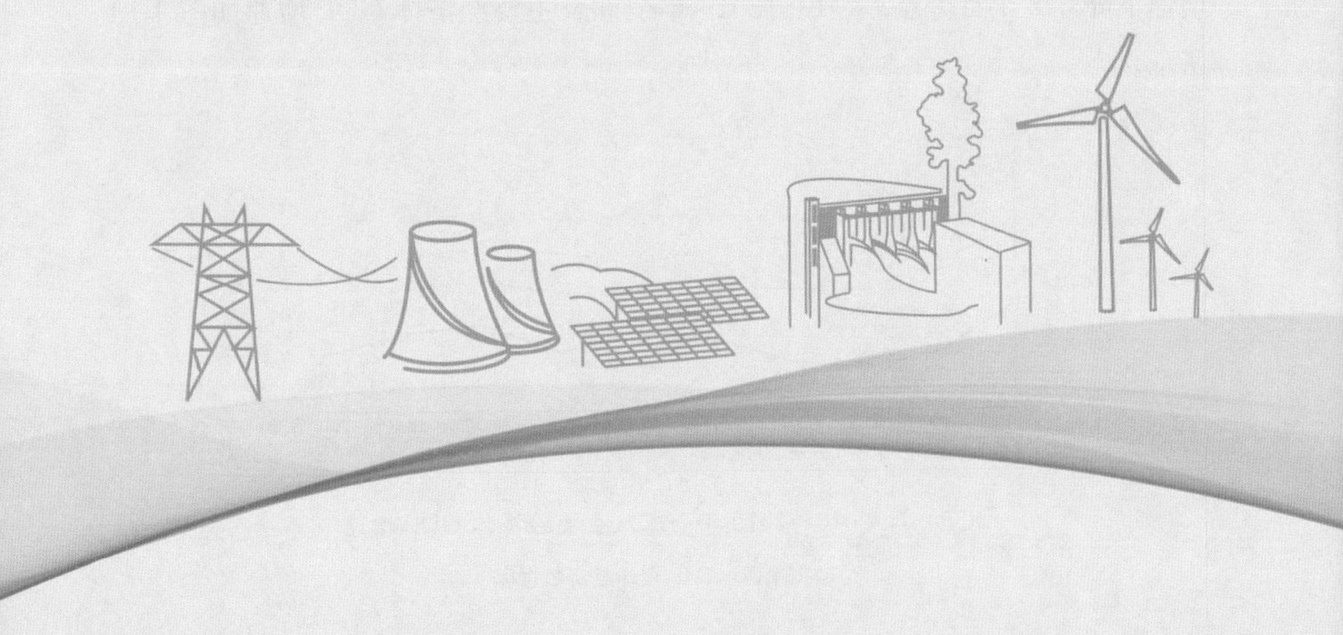

1.1 全球宏观经济形势

2019 年全球经济下行趋势明显，增速 2.9%，为 2008 年金融危机以来最低增速。全球贸易保护主义持续升级、贸易政策不确定性增加、地缘政治紧张局势以及主要新兴市场国家经济下行等持续拖累全球经济活动，国际货币基金组织（International Monetary Fund，IMF）数据显示，2019 年全球经济生产总值（Gross Domestic Product，GDP）同比增长 2.9%，增速下降 0.7 个百分点，为 2008 年金融危机以来最低。其中，发达经济体 GDP 总量同比增长 1.7%，增速下降 0.6 个百分点；新兴市场与发展中经济体 GDP 总量同比增长 3.7%，增速下降 0.8 个百分点。2010—2019 年全球及主要经济体 GDP 增速如图 1-1 所示。

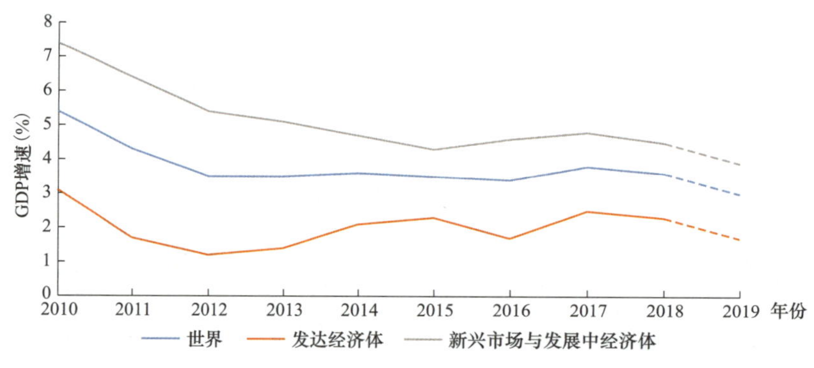

图 1-1　2010—2019 年全球及主要经济体 GDP 增速

数据来源：IMF 全球经济数据库

1.2 全球能源需求

能源消费增速放缓，非化石能源是拉动能源消费增长的主力。2019 年全球能源消费总量同比增长 1.3%，增速下降 1.5 个百分点，其中石油消费同比增

长 0.8%，天然气消费同比增长 2.0%，煤炭消费同比下降 0.6%，非化石能源消费同比增长 4.8%。非化石对能源消费增长的贡献率达 55.1%，是拉动能源消费增长的主力。

1.2.1　能源消费结构

能源持续向绿色低碳转型，煤炭消费占比明显下降，非化石能源消费占比进一步提升。煤炭消费占能源消费总量 27.0%，同比下降 0.6 个百分点；石油消费占比 33.1%，同比下降 0.1 个百分点；天然气消费占比 24.2%，同比提高 0.1 个百分点；非化石能源消费合计占比 15.7%，同比提高 0.5 个百分点。2018—2019 年全球能源消费结构如图 1-2 所示。

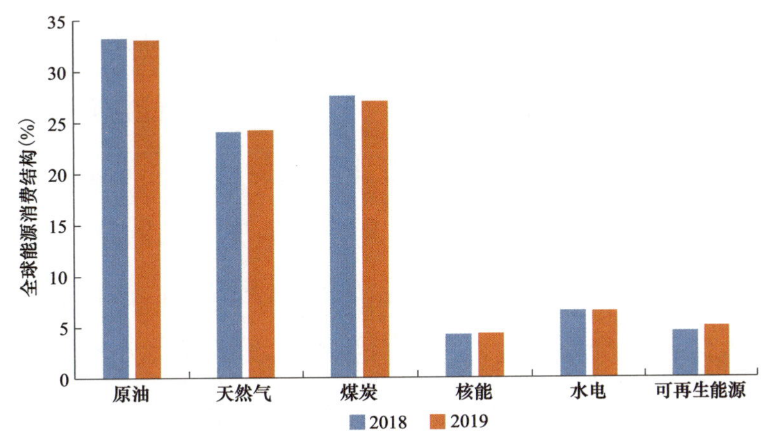

图 1-2　2018—2019 年全球能源消费结构

数据来源：英国石油公司（BP p. l. c.，简称 BP）发布的《Statistical Review of World Energy 2020》

1.2.2　分地区能源消费

亚太地区能源消费量最大。2019 年亚太地区能源消费占全球能源消费总量 44.1%，同比提高 1.0 个百分点，其中中国、印度分别占亚太地区 55.0%和 13.2%；北美地区能源消费占全球能源消费总量 20.0%，与上年持平；欧盟地区能源消费占比 14.4%，同比下降 1.0 个百分点；而后依次是中东地区、独联体、南美地区和非洲地区，占比分别是 6.6%、6.6%、4.9%、3.4%，均与上年基本持平。2019 年全球各地区能源消费占比如图 1-3 所示。

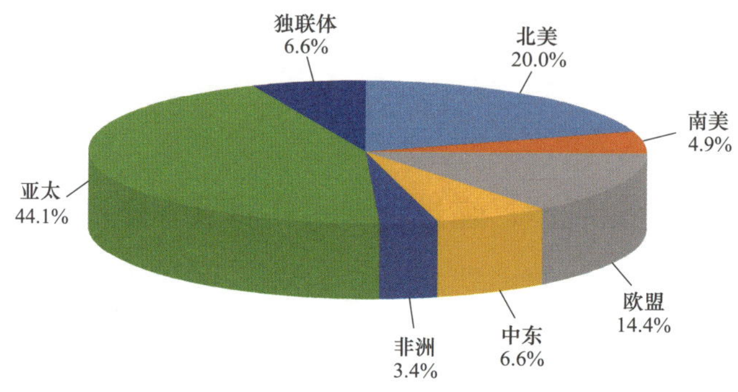

图 1-3 2019 年全球各地区能源消费占比

数据来源：BP《Statistical Review of World Energy 2020》

全球大多地区能源消费以石油和天然气为主，仅亚太地区以煤炭为主。北美地区需求最大的能源是石油和天然气，分别占该地区能源消费总量的 38.4% 和 32.7%；南美地区是石油和水电，占比分别为 41.5%和 22.3%；欧盟地区是石油和天然气，占比分别为 36.3%和 23.8%；中东地区是天然气和石油，占比分别为 51.8%和 45.9%；非洲地区是石油和天然气，占比分别为 41.7%和 27.2%；亚太地区是煤炭和石油，占比分别为 47.5%和 27.8%；独联体是天然气和石油，占比分别为 53.4%和 21.6%。2019 年全球各地区能源消费结构如图 1-4 所示。

1.2.3 分品类能源消费

（1）煤炭。**煤炭消费自 2016 年以来首次下降**，亚太地区是全球煤炭消费的主力。2019 年，全球煤炭消费 53.9 亿 t 标准煤，同比下降 0.6%，为 2016 年来首次下降。2011—2019 年全球煤炭消费量如图 1-5 所示。

全球煤电发电量创有史以来最大降幅。2019 年，全球煤电发电量同比下降 2.6%，为有史以来最大降幅。分区域看，欧盟地区和北美地区煤电发电量同

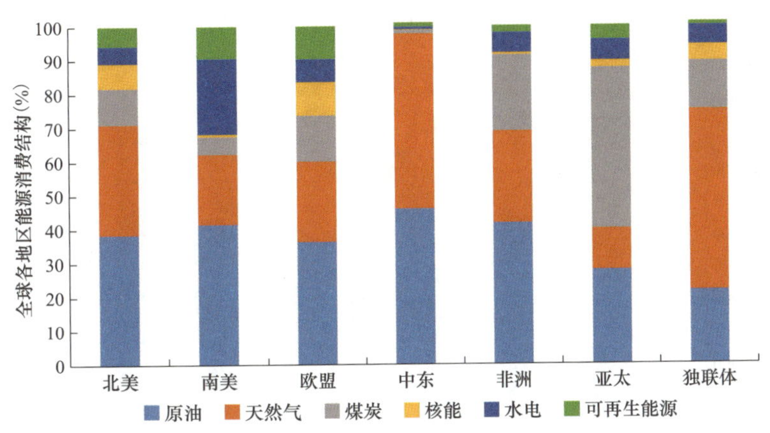

图 1-4　2019 年全球各地区能源消费结构

数据来源：BP《Statistical Review of World Energy 2020》

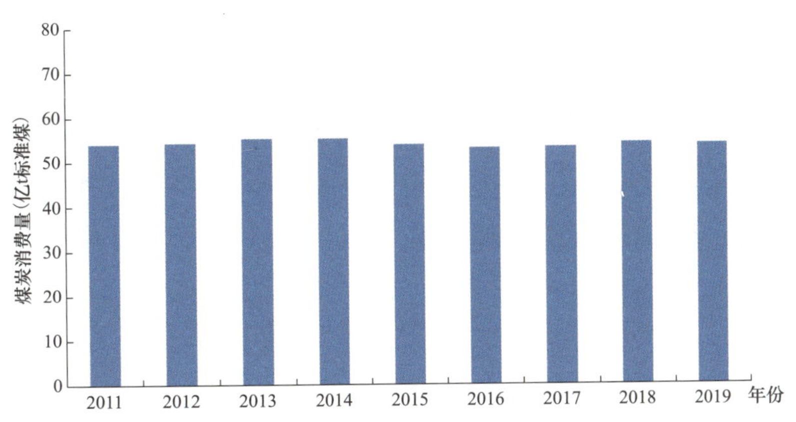

图 1-5　2011—2019 年全球煤炭消费量

数据来源：BP《Statistical Review of World Energy 2020》

比分别下降 24.3%和 14.5%，降幅分别居全球前两位。一方面是因为 2019 年电力需求小幅下降，欧盟地区和北美地区用电量同比分别下降 1.8%和 0.6%；另一方面是因为风电、太阳能发电（含光伏发电、光热发电，下同）等技术的不断成熟和天然气价格的不断下降，煤炭发电已不再具备成本优势。以欧盟地区为例，2019 年欧盟地区二氧化碳排放价格上涨至 25 欧元/t，导致碳密集型的煤电发电成本超过天然气、核电和可再生能源发电，对煤炭需求的减少已成必然趋势。2011—2019 年全球煤电发电量如图 1-6 所示。

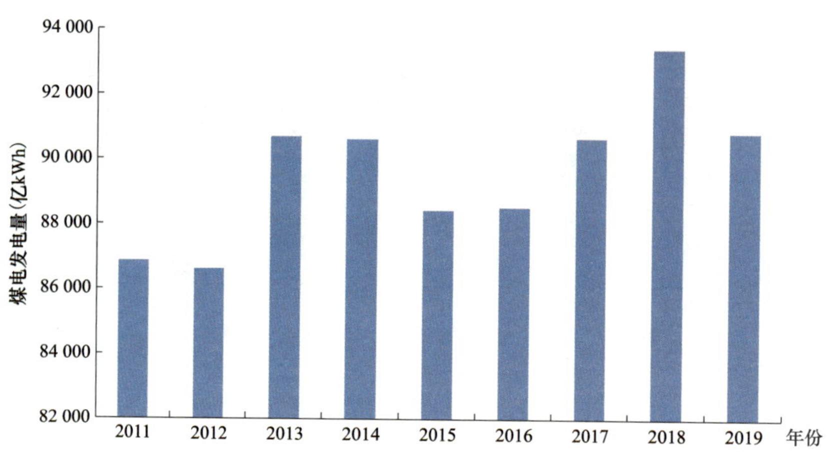

图 1-6　2011—2019 年全球煤电发电量

数据来源：EMBER《全球电力行业回顾》

亚太地区是全球煤炭消费的主力。亚洲在全球煤电发电量中所占的份额已从 1990 年的略高于 20%上升到 2019 年的近 80%。中国是全球最主要的煤炭消费国家，全球近一半的煤炭消费都来自中国。2011—2019 年中国煤电发电量占全球比重如图 1-7 所示。

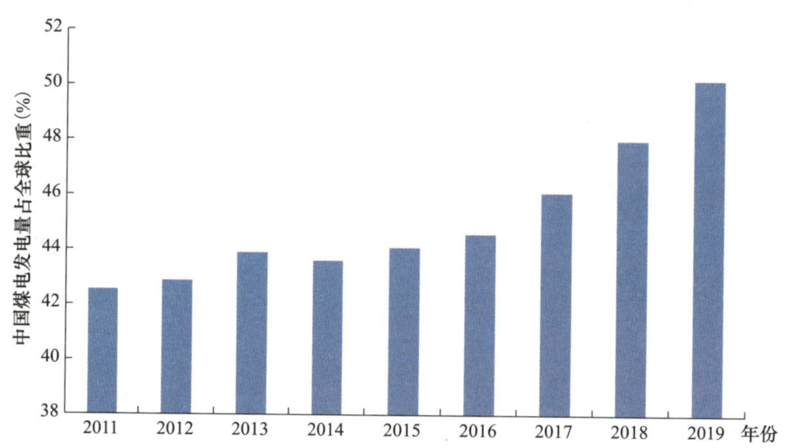

图 1-7　2011—2019 年中国煤电发电量占全球比重

数据来源：英国气候及能源智库（EMBER）《全球电力行业回顾》

(2) 天然气。天然气消费保持增长，但增速放缓。2019 年，全球天然气消费 39 292 亿 m^3，同比增长 2.0%，增速下降 3.3 个百分点。消费量排名前三的国家为美国、俄罗斯和中国，合计消费量占全球 40.6%。2011—2019 年全球天然气消费量及增速如图 1-8 所示。

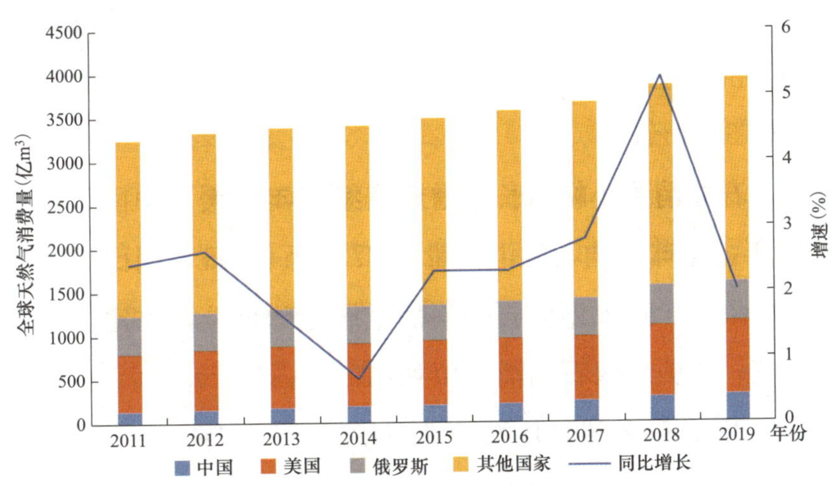

图 1-8　2011—2019 年全球天然气消费量及增速

数据来源：BP《Statistical Review of World Energy 2020》

北美地区消费增速大幅回落。2019 年北美地区天然气消费 10 576 亿 m^3，同比增长 3.1%。其中，美国消费量 8466 亿 m^3，同比增长 3.1%；加拿大 1203 亿 m^3，同比增长 1.7%；墨西哥 907 亿 m^3，同比增长 3.5%。2019 年美国气候相对温和，未出现类似于 2018 年冬季极寒的极端天气，全年用气需求相对平稳，受此影响，2019 年北美地区天然气消费增速同比大幅回落 7.5 个百分点。

亚太地区消费增速放缓。2019 年亚太地区天然气消费量 8583 亿 m^3，同比增长 4.0%，其中中国、日本、韩国消费量合计 4714 亿 m^3，占比 54.2%。中国受宏观经济环境和环保因素拉动，天然气消费同比增长 8.2%，增速放缓 8.5 个百分点；日本核能发电量稳步提升，天然气消费量同比下降 6.6%，为连续第二年下降；韩国可再生能源发展挤压天然气市场空间，天然气消费量同比下降 3.2%。

欧盟地区消费止跌回升。2019 年欧盟地区天然气消费量 5541 亿 m^3，同比增长 1.1%，止跌回升。随着欧亚市场联动性逐步增强，欧盟地区成为联结北美地区、俄罗斯中亚供应区和亚太消费区中间的平衡地区。2019 年亚太地区液化天然气（Liquefied Natural Gas，LNG）需求不旺、价格持续走低、液化项目投产高峰加剧供应过剩，欧盟作为平衡地区吸纳了市场过剩资源，全年 LNG 进口量同比增长 68.1%。

（3）石油。**石油消费小幅增长但增速连续三年放缓**，中国是拉动全球增长的主力。2019 年，全球日均石油消费量 9827.2 万桶/日，同比小幅增长 0.9%，增速连续第三年放缓。亚太地区石油消费量居全球首位，占比 36.8%，同比提升 0.4 个百分点；北美地区石油消费位列第二，占比 23.9%，同比下降 0.4 个百分点。2011—2019 年全球日均石油消费量及增速如图 1-9 所示，2019 年全球分地区日均石油消费占比如图 1-10 所示。

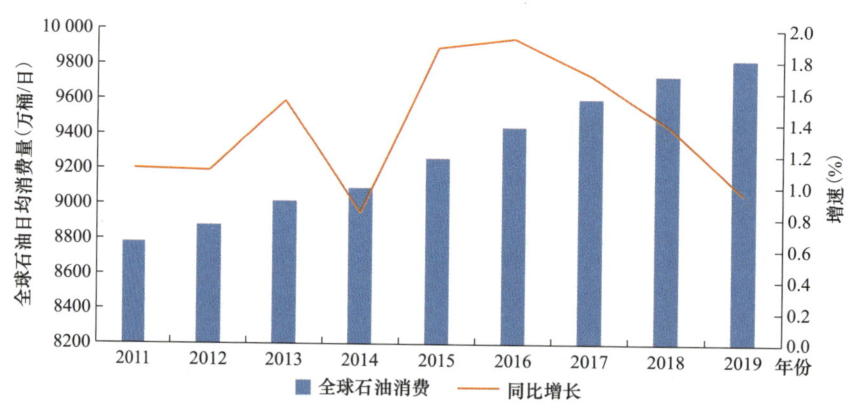

图 1-9　2011—2019 年全球日均石油消费量及增速

数据来源：BP《Statistical Review of World Energy 2020》

石油消费增量主要来源于中国和印度。分区域来看，亚太地区、非洲地区石油消费保持增长，亚太地区增量 72 万桶/日，居全球首位；北美地区、欧盟地区石油消费量有所下降，其中欧盟地区连续第二年负增长。亚太地区中，中

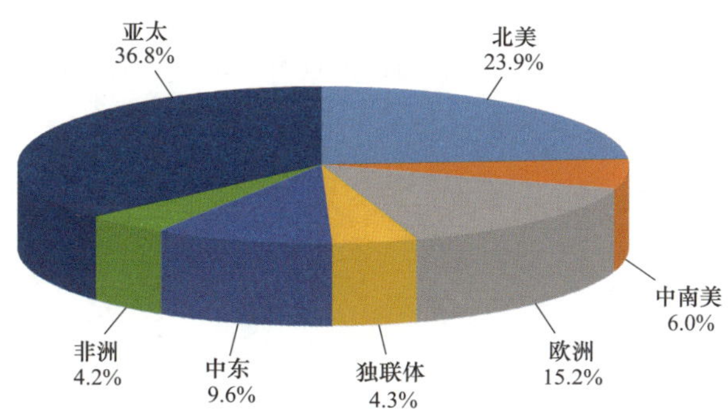

图 1-10　2019 年全球分地区日均石油消费占比

数据来源：BP《Statistical Review of World Energy 2020》

国和印度日均石油消费量同比分别增长 68.1 万桶/日和 15.9 万桶/日，对全球日均石油消费增长的贡献率分别为 73.7%和 17.2%。

(4) 可再生能源消费保持较快增长。2019 年，可再生能源消费 9.9 亿 t 标准煤，同比增长 12.2%。亚太地区连续 7 年增量第一，2019 年对全球可再生能源消费增长的贡献率为 48.3%，远高于欧洲的 21.6%和北美的 15.2%。2011—2019 年全球可再生能源消费量及增速如图1-11所示。

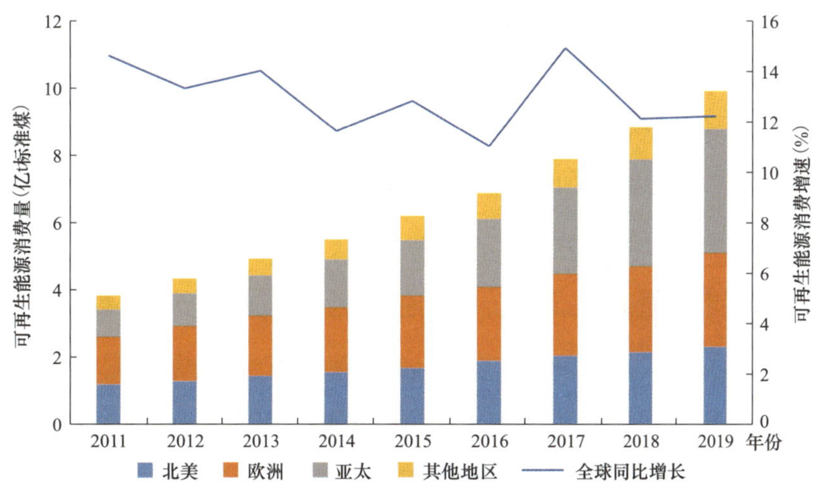

图 1-11　2011—2019 年全球可再生能源消费量及增速

数据来源：BP《Statistical Review of World Energy 2020》

中国对全球可再生能源消费增长的贡献率最高。分国家来看，2019 年对可再生能源消费增长贡献最大的前三位分别是中国、美国和日本，贡献率分别为 25.4%、9.5%和 6.3%。

1.3 全球能源供给

可再生能源发电快速增长，煤炭、天然气生产缓慢增长，石油生产小幅下降。2019 年全球可再生能源发电量同比增长 13.7%，其中太阳能发电增长最快，增速达 24.3%，其次是风能 12.6%，其他可再生能源同比增长 6.0%；煤炭生产同比增长 1.5%，天然气生产同比增长 3.4%，石油生产同比小幅下降 0.1%。

1.3.1 煤炭

2019 年全球煤炭产量小幅增长，主要由中国和印度尼西亚拉动。2019 年全球煤炭产量 57.2 亿 t 标准煤，同比增长 1.5%。其中，中国和印度尼西亚的煤炭产量增幅最大，同比分别增长 4.2%和 9.4%，对全球煤炭产量增长的贡献率合计 179.8%，是拉动全球煤炭产量增长的主要力量。煤炭产量降幅最大的国家是美国和德国，同比分别下降 7.1%和 20.0%。2011—2019 年全球煤炭产量及增速见图 1-12。

亚太地区煤炭产量占比最大，其他地区煤炭产量均出现不同程度下滑。2019 年，亚太地区煤炭产量 42.5 亿 t 标准煤，占全球煤炭总产量 74.4%，同比提高 1.7 个百分点。除亚太地区外，其他地区煤炭产量均有所下降，其中北美地区和欧盟地区产量下降最多，同比分别下降 7.0%和 10.5%，占比分别从 10.2%和 4.4%下降至 9.4%和 3.9%。2011—2019 年全球各地区煤炭产量占全球总产量比重见表 1-1。

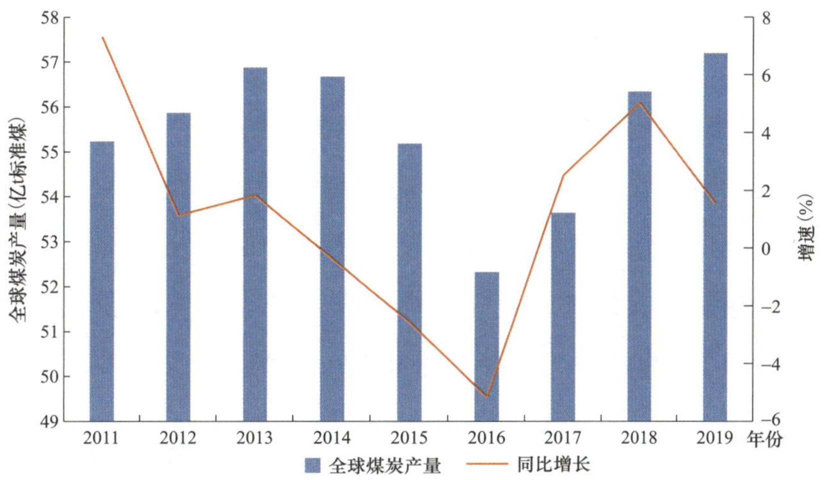

图 1-12　2011—2019 年全球煤炭产量及增速

数据来源：BP《Statistical Review of World Energy 2020》

表 1-1　2011—2019 年全球各地区煤炭产量占全球总产量比重（%）

地区	2011 年	2012 年	2013 年	2014 年	2015 年	2016 年	2017 年	2018 年	2019 年
北美	14.9	13.8	13.1	13.3	12.1	10.7	11.0	10.2	9.4
南美	1.7	1.7	1.6	1.7	1.7	1.8	1.8	1.6	1.5
欧洲	6.1	6.1	5.7	5.2	4.9	4.9	4.6	4.4	3.9
独联体	5.4	5.7	5.7	5.8	6.1	6.6	6.9	7.0	6.8
中东	0.0	0.0	0.0	0.0	0.0	0.0	0.0	0.0	0.0
非洲	3.8	3.9	3.8	4.0	3.9	4.2	4.2	4.1	4.0
亚太地区	68.1	68.9	70.0	70.0	71.3	71.8	71.5	72.7	74.4

数据来源：BP《Statistical Review of World Energy 2020》

全球煤炭贸易量自 2015 年以来首次下降。2019 年全球煤炭累计贸易量 12.0 亿 t 标准煤，同比下降 1.3%。进口方面，主要由煤炭需求稳定增长的中国和印度拉动，两国煤炭进口量同比分别增长 4.3%和 7.9%；出口方面，美国、澳大利亚和哥伦比亚的煤炭出口量下降明显，同比分别减少 0.2、0.1 和 0.1 亿 t 标准煤，出口量明显增长的国家仅有印度尼西亚，同比增长 0.2 亿 t 标准煤。

1.3.2 石油

2019 年全球石油产量微降。2019 年全球石油日均产量 9519.2 万桶，同比小幅下降 0.1%。受美国对伊朗和委内瑞拉制裁、中东地缘政治动荡升级等因素影响，石油输出国组织（Organization of the Petroleum Exporting Countries，OPEC）石油产量下降，但被以美国为首的非 OPEC 组织石油产量增长所抵消。2011—2019 年全球石油日均产量及增速如图 1-13 所示。

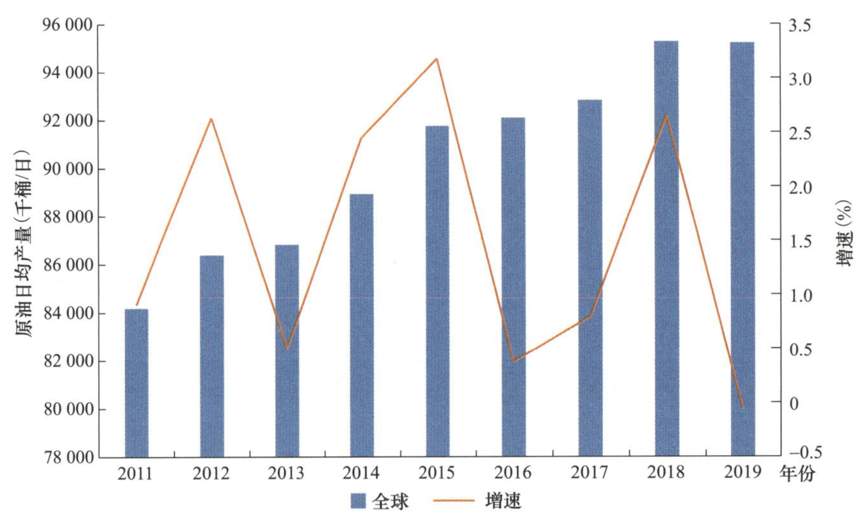

图 1-13 2011—2019 年全球石油日均产量及增速

数据来源：BP《Statistical Review of World Energy 2020》

分区域来看，中东地区、北美地区、独联体地区是全球石油的主要产区。2019 年中东地区日均产油量 3032.9 万桶，占全球 31.9%；北美地区 2461.4 万桶，占比 25.9%；独联体 1461.4 万桶，占比 15.4%。中东地区、北美地区、独联体地区合计占比 73.1%。2019 年全球石油产量占比如图 1-14 所示。

分国家来看，美国、沙特、俄罗斯是主要产油国。美国石油产量占比快速提升，且连续三年增幅居全球之首，2019 年产油量占全球 17.9%，同比提高 1.8 个百分点；沙特石油产量占比逐年下降，2019 年占比 12.4%，同比下降 0.5 个百分点；俄罗斯石油产量占比基本保持稳定，2019 年占比 12.1%，同比

提高 0.1 个百分点。2011—2019 年美国、俄罗斯、沙特原油日产量占比如图1-15所示。

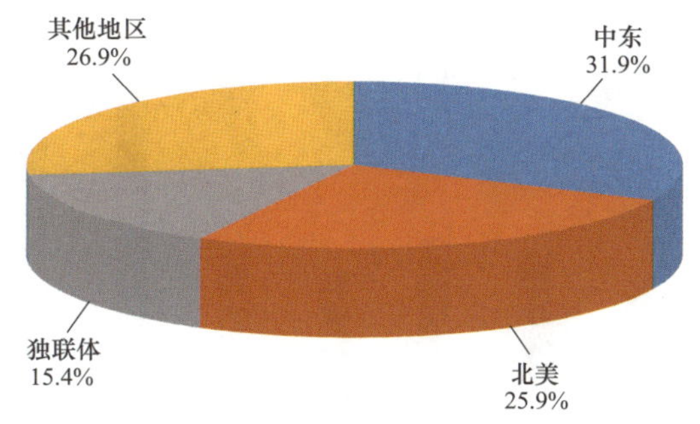

图 1-14　2019 年全球石油产量占比

数据来源：BP《Statistical Review of World Energy 2020》

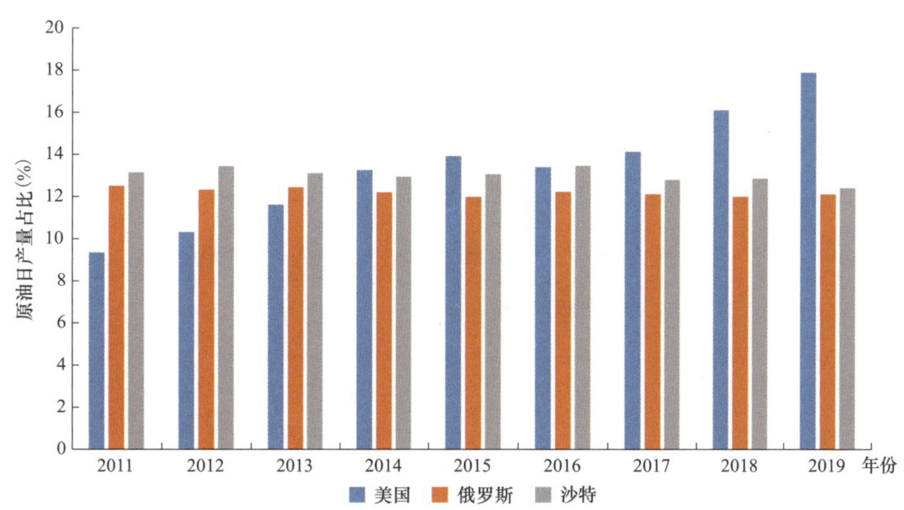

图 1-15　2011—2019 年美国、俄罗斯、沙特原油日产量占比

数据来源：BP《Statistical Review of World Energy 2020》

1.3.3　天然气

全球天然气探明储量大幅上涨。2019 年世界天然气探明储量为 198.1 万亿 m^3，同比增加 1.7 万亿 m^3，其中俄罗斯（38.0 万亿 m^3）、伊朗（32.0 万亿 m^3）和卡塔尔（24.7 万亿 m^3）是当前全球最大的三个天然气储备国。2011—

2019 年全球天然气探明储量如图 1-16 所示。

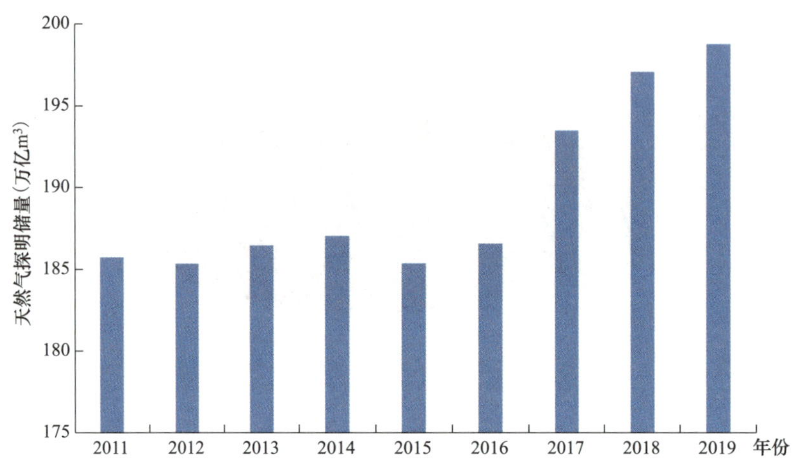

图 1-16　2011—2019 年全球天然气探明储量

数据来源：BP《Statistical Review of World Energy 2020》

全球天然气产量保持平稳增长。2019 年全球天然气产量 39 893 亿 m³，同比增长 3.4%。其中美国天然气产量同比增加 850 亿 m³，对全球天然气生产增长的贡献率 64.5%，其次是澳大利亚和中国，贡献率分别为 17.8%和 12.2%。2011—2019 年全球天然气产量及增速如图 1-17 所示。

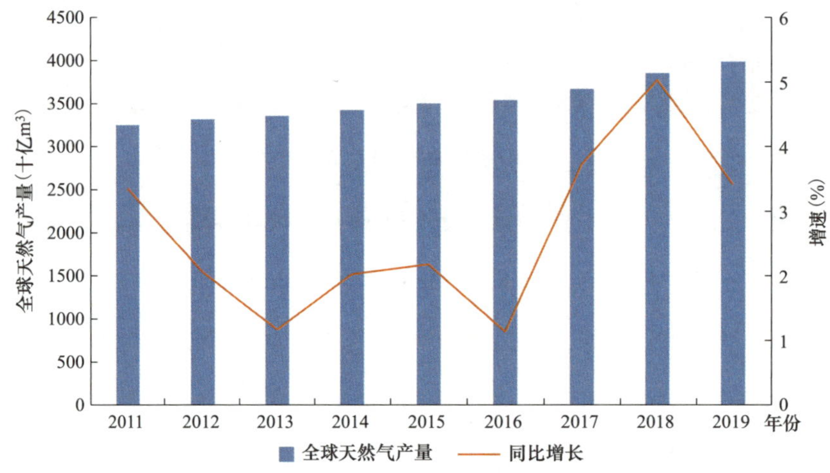

图 1-17　2011—2019 年全球天然气产量及增速

数据来源：BP《Statistical Review of World Energy 2020》

分区域来看，北美地区天然气产量和增速均为全球最高。2019 年，北美地区天然气产量最高，达 11 280 亿 m^3，同比增长 7.4%，增速最快；独联体地区天然气产量 8564 亿 m^3，仅次于北美，同比增长 1.9%；中东地区天然气产量 6953 亿 m^3，位列第三，同比增长 2.1%；亚太地区天然气产量 6721 亿 m^3，排名第四，同比增长 6.3%。2019 年全球天然气产量占比如图 1-18 所示。

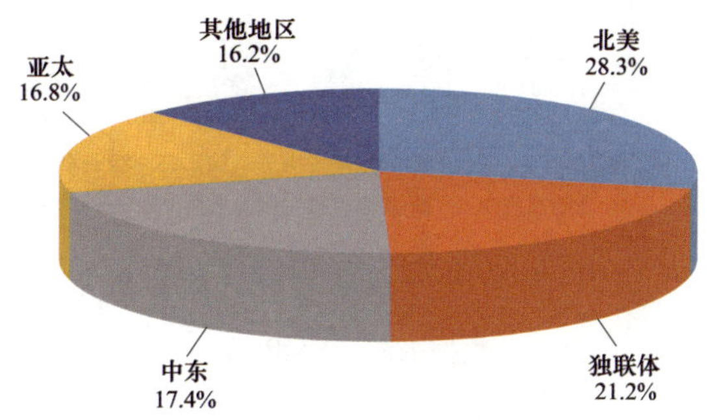

图 1-18　2019 年全球天然气产量占比

数据来源：BP《Statistical Review of World Energy 2020》

全球天然气贸易量同比增长 4.9%，全部由 LNG 贸易拉动。2019 年，全球管道天然气贸易量 4994 亿 m^3，同比下降 1.7%；LNG 贸易量 4851 亿 m^3，同比增长 12.7%。进口方面，2019 年几乎所有进口增量都流向了欧洲，欧洲 LNG 进口量增长 490 亿 m^3，同比增长 68.1%。出口方面，受美国（189 亿 m^3）、俄罗斯（145 亿 m^3）创纪录增长及澳大利亚（129 亿 m^3）持续增长的推动，全球 LNG 出口增长 540 亿 m^3。

1.3.4　可再生能源

全球非水可再生能源发电量保持高速增长。2019 年，全球可再生能源发电 71 045 亿 kWh，同比增长 6.0%，其中，非水可再生能源发电 28 055 亿 kWh，同比增长 13.7%，连续十年保持两位数增长。中国是拉动全球可再生能源发电增长的主力，贡献率 46.2%，2011—2019 年全球可再生能源发电量及增速如图 1-19 所示。

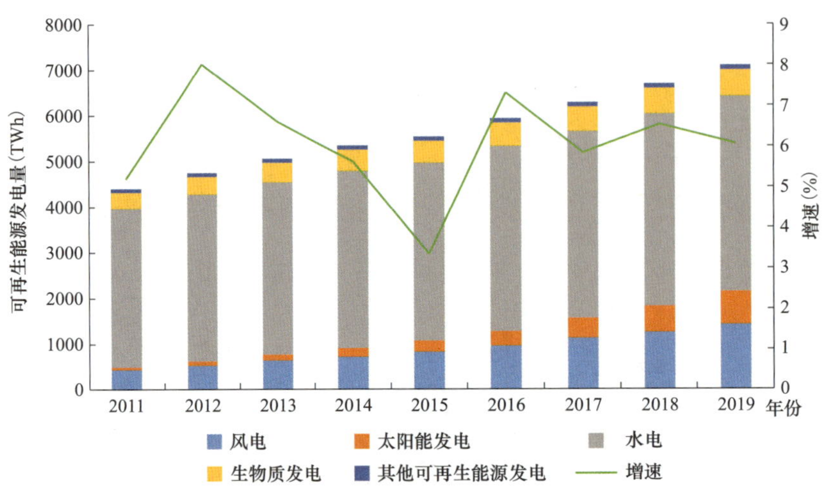

图 1-19　2011—2019 年全球可再生能源发电量及增速

数据来源：EMBER

风电对可再生能源发电量增长的贡献率最大，太阳能发电的增速最快。 2019 年，风电发电 14 296 亿 kWh，同比增长 13.5%，占可再生能源发电量 20.1%，对可再生能源发电量增长的贡献率 42.0%；太阳能发电 7241 亿 kWh，同比增长 26.3%，占比 10.2%，贡献率 37.3%；水电发电量 42 705 亿 kWh，同比增长 1.5%，占比 60.1%，贡献率 15.5%；其他可再生能源发电 803 亿 kWh，同比增长 3.2%，占比 9.5%，贡献率 5.2%。2019 年全球可再生能源发电量占比如图 1-20 所示。

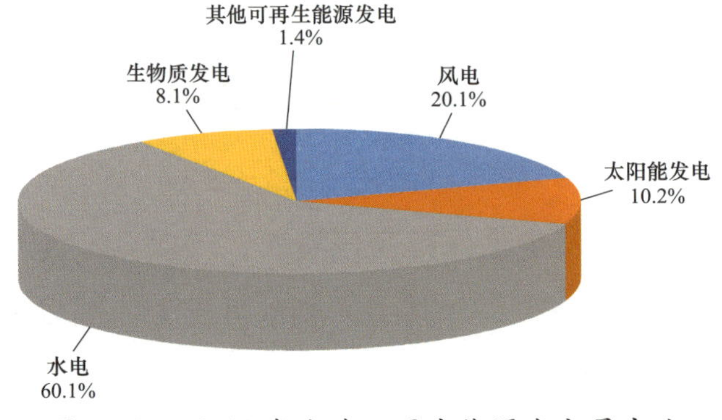

图 1-20　2019 年全球可再生能源发电量占比

数据来源：EMBER

第 2 章

我国宏观经济形势及能源总体情况

2.1 我国宏观经济形势

我国[1]经济保持平稳增长。2019年我国GDP 99.1万亿元人民币，同比增长6.1%，增速远高于全球平均水平及其他主要国家和地区。2011—2019年全球及主要国家和地区GDP增速见表2-1。

表2-1　2011—2019年全球及主要国家和地区GDP增速（%）

国家（地区）	2011年	2012年	2013年	2014年	2015年	2016年	2017年	2018年	2019年
全球	4.3	3.5	3.5	3.6	3.5	3.4	3.8	3.6	3.0
发达经济体	1.7	1.2	1.4	2.1	2.3	1.7	2.5	2.3	1.7
新兴市场与发展中经济体	6.4	5.4	5.1	4.7	4.3	4.6	4.8	4.5	4.6
美国	1.6	2.2	1.8	2.5	2.9	1.6	2.2	2.9	2.1
中国	9.5	7.9	7.8	7.3	6.9	6.7	6.8	6.6	6.1
日本	-0.1	1.5	2.0	0.4	1.2	0.6	1.9	0.8	0.5
欧元区	1.6	-0.9	-0.2	1.4	2.1	2.0	2.4	1.8	1.4
英国	1.6	1.4	2.0	2.9	2.3	1.8	1.8	1.4	1.4
俄罗斯	5.1	3.7	1.8	0.7	-2.5	0.3	1.6	2.3	1.9
巴西	4.0	1.9	3.0	0.5	-3.5	-3.3	1.1	1.1	2.0

数据来源：IMF全球经济数据库、国家统计局

人均国民收入超过中等收入国家平均水平。2019年我国国民总收入98.8万亿元，同比增长7.9%。人均GDP 70 892元，同比增长7.4%，远高于发达经济体与发展中经济体的平均增速。我国人均GDP（购买力平价）遥遥领先于

[1] 如无特别说明，本报告中“我国”“中国”均指中国内地，不含香港特别行政区、澳门特别行政区和台湾省。

发展中国家水平。按照世界银行标准，中国已稳定在中高收入国家行列。2011—2019 年我国人均 GDP 增速与世界平均水平和发展中国家相比如图 2-1 所示，我国人均 GDP 与世界平均水平和发展中国家比值见表 2-2。

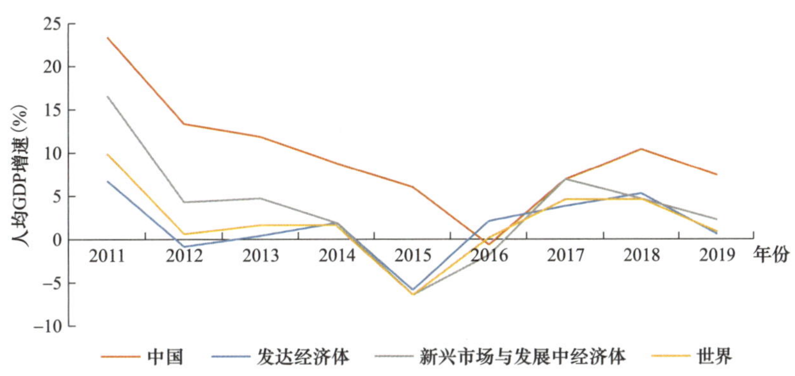

图 2-1　2011—2019 年我国与世界平均水平和发展中国家人均 GDP 增速

数据来源：IMF 全球经济数据库、国家统计局

表 2-2　2011—2019 年我国人均 GDP 与世界平均水平和发展中国家比值（%）

类别	2011 年	2012 年	2013 年	2014 年	2015 年	2016 年	2017 年	2018 年	2019 年
与世界平均水平相比	52.4	59.0	65.0	69.6	78.8	78.2	79.9	84.3	88.1
与发展中国家相比	121.6	132.2	141.2	150.7	170.7	172.7	172.7	182.1	187.8

数据来源：IMF 全球经济数据库、国家统计局

我国经济结构持续优化，第三产业对 GDP 增长的贡献率稳步提升。随着中国经济进入新常态，我国经济发展由高速增长转向高质量发展。2019 年，我国第一产业增加值 7.0 万亿元人民币，同比增长 3.1%，占比 7.1%；第二产业增加值 38.6 万亿元人民币，同比增长 5.7%，占比 39.0%；第三产业增加值 53.4 万亿元人民币，同比增长 6.9%，占比 53.9%，对 GDP 增长的贡献率 62.2%，同比提高 8.8 个百分点，比第二产业贡献率高出 32.4 个百分点。2011—2019 年我国各产业所占比重及对 GDP 增长贡献率如图 2-2 所示，各产业增加值占比及贡献率见表 2-3。

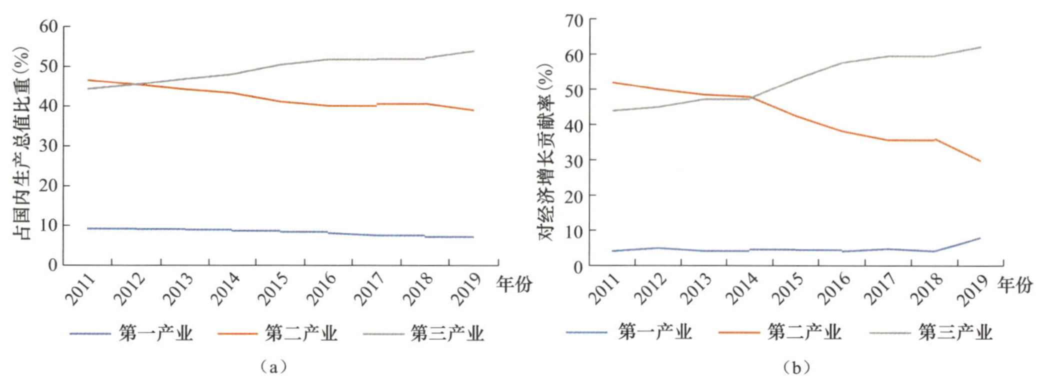

图2-2　2011—2019年我国各产业所占比重及贡献率

（a）各产业占GDP比重；（b）各产业对GDP增长的贡献率

数据来源：国家统计局

表2-3　　2011—2019年我国各产业增加值占比及贡献率（%）

占比/贡献率	2011年	2012年	2013年	2014年	2015年	2016年	2017年	2018年	2019年
第一产业占比	9.2	9.1	8.9	8.7	8.4	8.1	7.6	7.2	7.1
第一产业贡献率	4.1	5.0	4.2	4.6	4.5	4.1	4.8	4.2	8.0
第二产业占比	46.5	45.4	44.2	43.3	41.1	40.1	40.5	40.7	39.0
第二产业贡献率	52.0	50.0	48.5	47.9	42.5	38.2	35.7	36.1	29.8
第三产业占比	44.3	45.5	46.9	48.0	50.5	51.8	51.9	52.2	53.9
第三产业贡献率	43.9	45.0	47.2	47.5	53.0	57.7	59.6	59.7	62.2

数据来源：国家统计局

2019年我国经济发展新动能指数同比增长23.4%，网络经济依然是经济发展新动能中的主要力量。我国经济发展新动能监测[1]结果显示，以2014年为基数100，2019年我国经济发展动能指数为332.0，同比增长23.4%。各项分类指数同比均有提升，其中网络经济指数高达856.5，同比大幅增长42.0%，对经济发展新动能指数增长的贡献率为80.5%，是拉动我国经济发展新动能中的主要力量。2015—2019年经济发展新动能指数及分类指数如图2-3所示。

[1] 为动态监测我国经济发展新动能变动情况，国家统计局统计科学研究所在《新产业新业态新商业模式统计监测制度》和经济发展新动能统计指标体系的基础上，采用定基指数方法，测算了2019年我国经济发展新动能指数，并根据最新资料和口径修订了2015—2018年历史指数数据。

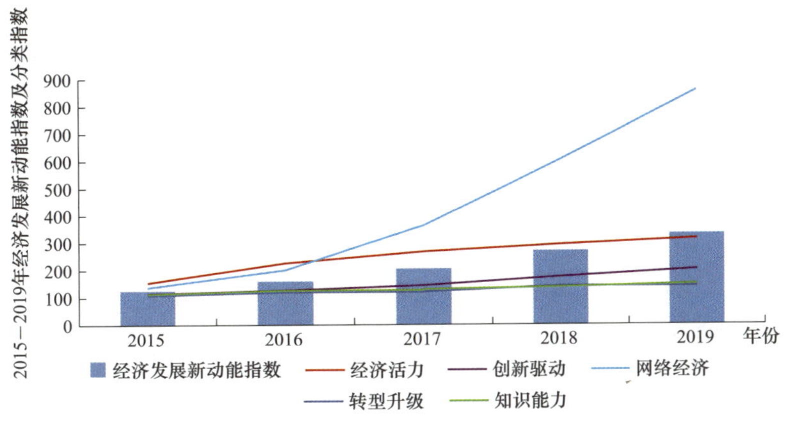

图 2-3　2015—2019 年经济发展新动能指数及分类指数

数据来源：国家统计局

2.2　我国能源需求

2.2.1　能源消费总量

我国能源消费总量稳定增长。2019 年我国能源消费总量 48.6 亿 t 标准煤，同比增长 3.3%，增速与上年持平。2011—2019 年我国能源消费总量及增速见图 2-4 和表 2-4。

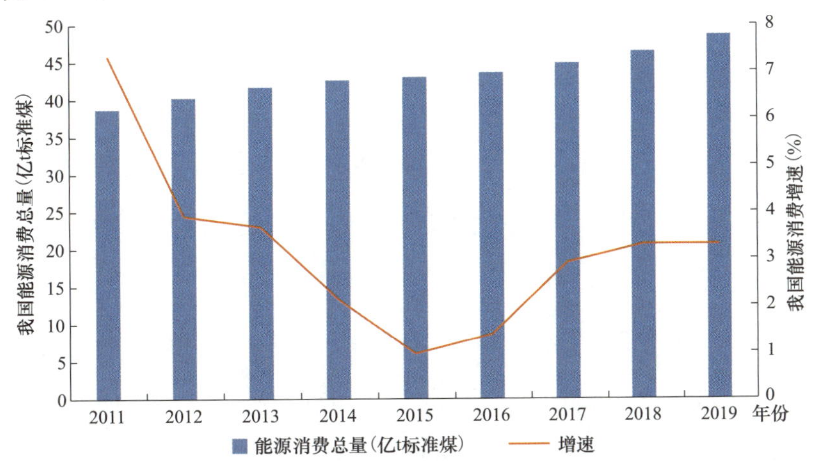

图 2-4　2011—2019 年我国能源消费总量及增速

数据来源：国家统计局

表 2 - 4　　我国能源消费总量及增速

总量/增速	2011 年	2012 年	2013 年	2014 年	2015 年	2016 年	2017 年	2018 年	2019 年
能源消费总量（亿 t 标准煤）	38.7	40.2	41.7	42.6	43.0	43.6	44.9	46.4	48.6
增速（%）	7.3	3.9	3.7	2.1	1.0	1.4	2.9	3.3	3.3

数据来源：国家统计局

我国稳居全球第一大能源消费国。2019 年中国能源消费占全球能源消费总量的 24.2%，连续十一年居全球第一位。全球主要国家能源消费量见表 2 - 5。

表 2 - 5　　全球主要国家能源消费量（亿 t 标准煤）

国家（地区）	2011 年	2012 年	2013 年	2014 年	2015 年	2016 年	2017 年	2018 年	2019 年
全球总计	176.9	179.1	182.5	184.0	185.3	187.9	191.2	196.6	199.2
中国	38.7	40.2	41.7	42.6	43.0	43.6	44.9	46.4	48.6
美国	31.4	30.6	31.4	31.8	31.5	31.4	31.5	32.6	32.3
印度	8.2	8.6	8.9	9.5	9.8	10.3	10.7	11.4	11.6
俄罗斯	9.9	9.9	9.8	9.8	9.6	9.8	9.9	10.2	10.2
日本	6.9	6.8	6.8	6.6	6.5	6.4	6.4	6.4	6.4
加拿大	4.6	4.6	4.7	4.8	4.8	4.7	4.8	4.9	4.8

数据来源：BP《Statistical Review of World Energy 2020》

2.2.2　能源消费结构

非化石能源消费占比持续提升，提前达到“十三五”规划目标。2019 年我国煤炭消费 39.3 亿 t（折合 28.0 亿 t 标准煤），同比增长 1.0%，占能源消费总量 57.7%，同比下降 1.5 个百分点；原油消费 6.5 亿 t（折合 9.2 亿 t 标准煤），同比增长 6.8%，占比 18.9%，与上年基本持平；天然气消费量 3044 亿 m^3（折合 4.0 亿 t 标准煤），同比增长 8.6%，占比 8.2%，同比提高 0.4 个百分点；非化石能源消费占比 15.2%，同比提高 0.9 个百分点，提前达到“十三五”规划目标。2011—2019 年我国能源消费结构见图 2 - 5 和表 2 - 6。

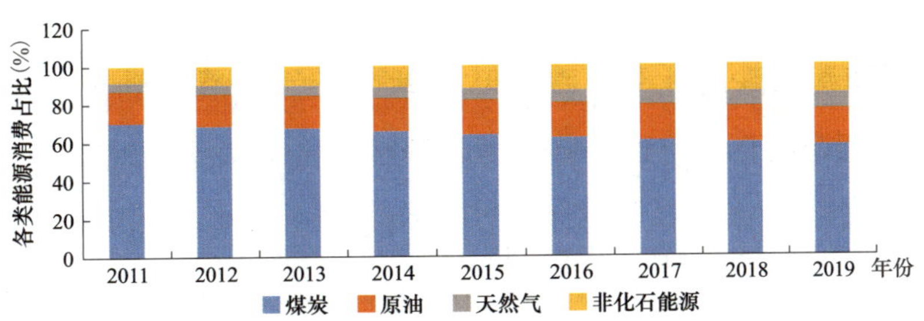

图 2-5　2011—2019 年我国能源消费结构

数据来源：国家统计局

表 2-6　2011—2019 年我国能源消费结构（%）

品类	2011 年	2012 年	2013 年	2014 年	2015 年	2016 年	2017 年	2018 年	2019 年
煤炭	70.2	68.5	67.4	65.6	63.7	62.0	60.4	59.2	57.7
石油	16.8	17.0	17.1	17.4	18.3	18.5	18.8	18.9	18.9
天然气	4.6	4.8	5.3	5.7	5.9	6.2	7.0	7.8	8.2
非化石能源	8.4	9.7	10.2	11.3	12.1	13.3	13.8	14.3	15.2

数据来源：国家统计局

我国清洁能源消费比重低于发达国家水平。2019 年，我国煤炭消费量约占全球煤炭消费总量的 52%，天然气、非化石能源等清洁能源占能源消费总量的比重与发达国家相比仍有较大差距。2019 年全球主要国家能源消费结构见表 2-7。

表 2-7　2019 年全球主要国家能源消费结构（%）

国家（地区）	煤炭	石油	天然气	非化石能源
全球总计	27.0	33.0	24.2	15.7
中国	57.7	18.9	8.2	15.2
美国	11.9	39.1	32.2	16.7
印度	54.5	29.9	6.5	9.1
俄罗斯	12.1	22.1	53.7	12.1
日本	26.3	40.3	21.0	12.4
加拿大	4.2	31.7	30.3	33.8

续表

国家（地区）	煤炭	石油	天然气	非化石能源
德国	17.4	35.6	24.2	22.7
法国	3.1	32.7	16.3	48.0

数据来源：BP《Statistical Review of World Energy 2020》、国家统计局

2.3 我国能源供给

2.3.1 能源生产总量

我国能源生产增速加快。2019 年我国一次能源生产总量 39.7 亿 t 标准煤，同比增长 5.1%，为 2012 年以来最快增速。其中原煤产量 38.5 亿 t（折合 27.1 亿 t 标准煤），同比增长 4.0%，增速下降 0.5 个百分点；原油产量 1.9 亿 t（折合 2.7 亿 t 标准煤），同比增长 0.9%，增速提高 2.2 个百分点；天然气产量 1736.2 亿 m^3（折合 2.3 亿 t 标准煤），同比增长 9.8%，增速提高 2.3 个百分点；非化石能源生产总量折合 7.5 亿 t 标准煤，同比增长 9.9%，增速最快。2011—2019 我国能源生产总量增速和分品类能源生产增速见图 2-6 和表 2-8。

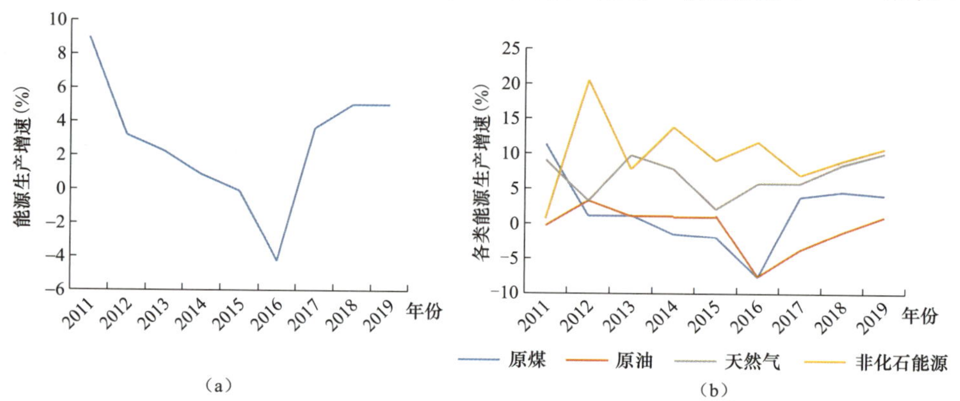

图 2-6 2011—2019 我国各类能源生产增速

（a）能源生产总量增速；（b）分品类能源生产增速

数据来源：国家统计局

表 2-8　2011—2019 年我国一次能源生产总量及分品类能源产量（亿 t 标准煤）

品类	2011 年	2012 年	2013 年	2014 年	2015 年	2016 年	2017 年	2018 年	2019 年
一次能源生产总量	34.0	35.1	35.9	36.2	36.1	34.6	35.9	37.7	39.7
原煤	26.5	26.7	27.1	26.6	26.1	24.1	25.0	26.1	27.2
原油	2.9	3.0	3.0	3.0	3.1	2.8	2.7	2.7	2.7
天然气	1.4	1.4	1.6	1.7	1.7	1.8	1.9	2.1	2.3
非化石能源	3.3	3.9	4.2	4.8	5.2	5.8	6.2	6.8	7.5

数据来源：国家统计局

2.3.2　能源生产结构

我国天然气、非化石能源产量占比持续提高。2019 年我国化石能源产量占一次能源生产总量 81.2%，同比下降 0.8 个百分点，其中煤炭占比 68.5%，同比下降 0.7 个百分点；石油占比 6.9%，同比下降 0.3 个百分点；天然气占比持续提高至 5.8%，同比提高 0.2 个百分点。非化石能源占比 18.8%，同比提高 0.8 个百分点。2011—2019 年我国各类能源产量如图 2-7 所示，2011—2019 年我国能源生产结构见表 2-9。

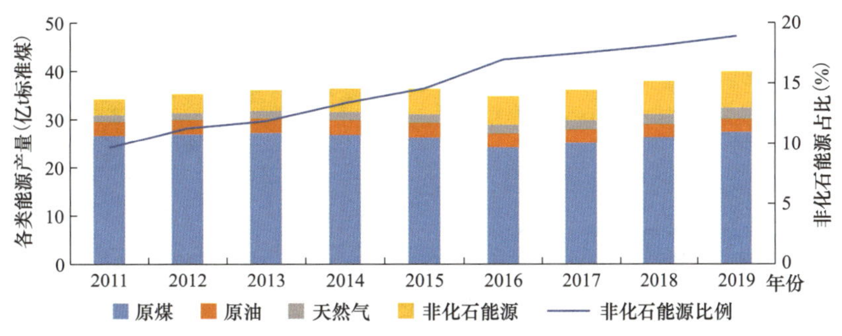

图 2-7　2011—2019 我国各类能源产量

数据来源：国家统计局

表2-9　　2011—2019年我国能源生产结构（%）

品类	2011年	2012年	2013年	2014年	2015年	2016年	2017年	2018年	2019年
煤炭	77.8	76.2	75.4	73.6	72.2	69.6	69.7	69.2	68.5
石油	8.5	8.5	8.4	8.4	8.5	8.2	7.6	7.2	6.9
天然气	4.1	4.1	4.4	4.7	4.8	5.3	5.4	5.6	5.8
非化石能源	9.6	11.2	11.8	13.3	14.5	16.9	17.4	18.0	18.8

数据来源：国家统计局

我国一次能源产量占全球比重连续三年上行。2019年，我国一次能源产量占全球一次能源总产量19.9%。其中，煤炭、石油、天然气产量占全球煤炭、石油、天然气产量的比重分别为47.6%、4.0%和4.5%。2011—2019年，我国煤炭、天然气产量占全球比重有所上升，其中天然气增长较快，石油产量占比持续下降。2011—2019年我国能源产量占全球能源产量比重见表2-10。

表2-10　　2011—2019年我国能源产量占全球能源产量比重（%）

类别	2011年	2012年	2013年	2014年	2015年	2016年	2017年	2018年	2019年
一次能源占比	19.2	19.6	19.7	19.7	19.5	18.4	18.8	19.2	19.9
煤炭占比	47.9	47.9	47.6	47.0	47.3	46.2	46.5	46.7	47.6
石油占比	5.1	5.0	5.1	5.0	4.9	4.6	4.4	4.2	4.0
天然气占比	3.3	3.4	3.6	3.8	3.9	3.9	4.1	4.2	4.5

数据来源：BP《Statistical Review of World Energy 2020》

2.4　我国能源供需总体情况

我国能源供需总体形势逐渐宽松，能源供应能力逐渐加强。2019年，我国一次能源产量同比增长5.1%，超过能源消费增速1.8个百分点，为近十年来最大增速差。“十三五”以来，我国能源生产明显加快，2017年后能源生产增

速超过能源消费增速，且差距逐渐扩大，反映出我国能源供需总体形势逐渐宽松，能源供应能力逐渐加强。2011—2019 年我国能源生产/消费增速如图 2-8 所示。

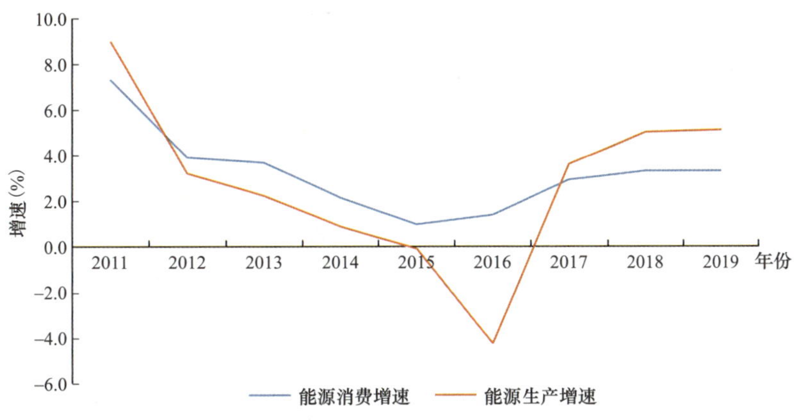

图 2-8　我国能源生产/消费增速

数据来源：国家统计局

2.5　能源关键指标分析

2.5.1　单位产值能耗

能源利用效率不断提升，节能降耗成效显现。2019 年我国单位产值能耗 0.62 t 标准煤/万元，同比下降 1.3%。2011—2019 年我国单位产值能耗逐年降低，能源利用效率持续提升。2011—2019 年我国单位产值能耗（2010 年可比价）如图 2-9 所示。

我国能源利用效率与发达经济体仍然有较大的差距。2019 年我国单位产值能耗分别是美国、欧盟、日本的 2.2、1.6 倍和 2.7 倍。2011 年以来，我国能源利用效率与发达国家的差距逐渐缩小。2011—2019 年我国与主要发达经济体单位产值能耗的比值见表 2-11。

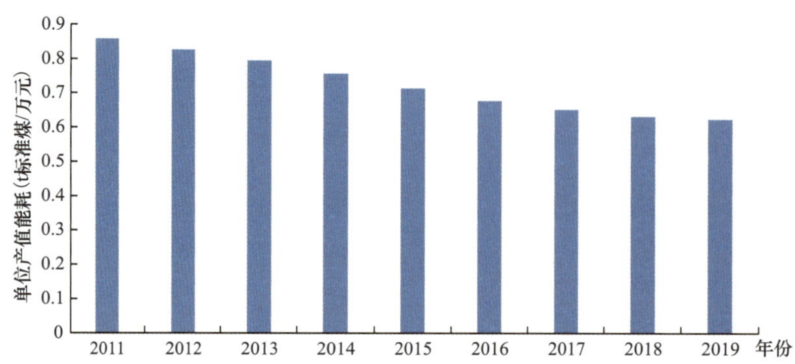

图 2-9　2011—2019 年我国单位产值能耗（2010 年可比价）

数据来源：南网能源院根据国家统计局数据折算

表 2-11　　我国与主要发达经济体单位产值能耗的比值（倍）

年份	日本	欧盟	美国
2011	4.3	2.3	2.5
2012	4.2	2.0	2.5
2013	3.3	1.9	2.3
2014	3.0	1.9	2.2
2015	2.6	1.6	2.3
2016	3.0	1.6	2.3
2017	2.7	1.6	2.2
2018	2.6	1.6	2.1
2019	2.7	1.6	2.2

数据来源：南网能源院根据 BP《Statistical Review of World Energy 2020》数据折算

2.5.2　单位产值电耗

我国单位产值电耗持续下降。2019 年我国单位产值电耗 926.4 kWh/万元，同比下降 0.5%。其中，第一产业单位产值电耗 134.7 kWh/万元，同比增长 3.9%；第二产业 1598.6 kWh/万元，同比下降 1.1%；第三产业 287.0 kWh/

万元，同比增长 2.8%。2011—2019 年我国单位产值电耗（2010 年可比价）如图 2-10 所示。

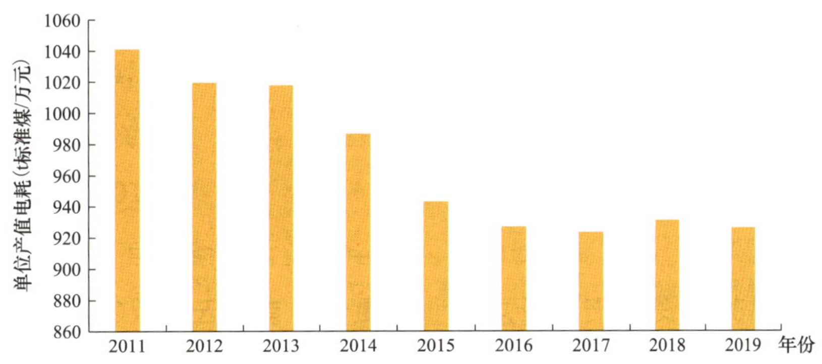

图 2-10 2011—2019 年我国单位产值电耗（2010 年可比价）

数据来源：南网能源院根据国家统计局数据折算

我国单位产值电耗与日本和欧盟的差距逐渐缩小，与美国的差距小幅扩大。2019 年我国单位产值电耗分别是美国、欧盟、日本的 2.6、1.7 倍和 2.5 倍。长期来看，我国单位产值电耗与日本、欧盟单位产值电耗的差距整体呈缩小趋势，与美国单位产值电耗的差距小幅扩大。2011—2019 年我国与主要发达经济体单位产值电耗的比值见表 2-12。

表 2-12 我国与主要发达经济体单位产值电耗的比值（倍）

年份	日本	欧盟	美国
2011	3.5	2.1	2.2
2012	3.3	1.8	2.2
2013	2.7	1.8	2.2
2014	2.5	1.9	2.2
2015	2.3	1.6	2.2
2016	2.6	1.6	2.4
2017	2.5	1.7	2.4

续表

年份	日本	欧盟	美国
2018	2.4	1.7	2.4
2019	2.6	1.7	2.5

数据来源：南网能源院根据 BP《Statistical Review of World Energy 2020》数据折算

2.5.3 能源消费弹性系数

能源消费弹性系数于2015年后逐年回升。2019年我国能源消费弹性系数为0.54。2015年能源消费弹性系数0.14，为2011年以来最低，2016年以来呈逐年上升趋势。2011—2019年能源消费弹性系数见图2-11和表2-13。

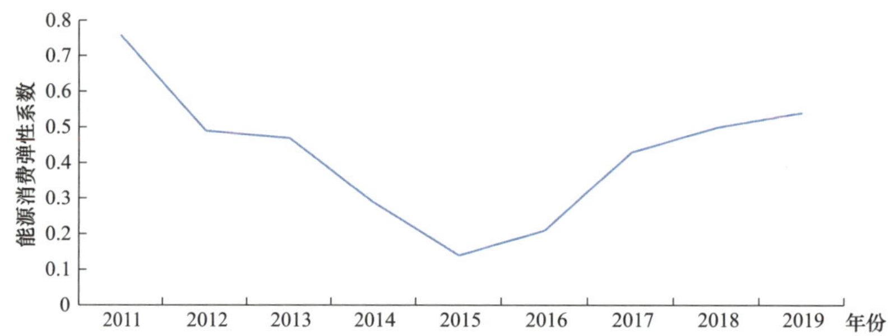

图2-11　2011—2019年能源消费弹性系数

数据来源：南网能源院根据国家统计局数据折算

表2-13　2011—2019年我国能源消费弹性系数

类别	2011年	2012年	2013年	2014年	2015年	2016年	2017年	2018年	2019年
能源消费弹性系数	0.76	0.49	0.47	0.29	0.14	0.21	0.43	0.50	0.54

数据来源：南网能源院根据国家统计局数据折算

2.5.4 对外依存度

我国原油和天然气对外依存度保持在较高的水平。2019年，我国原油对外依存度72.6%，同比提高1.8个百分点；天然气对外依存度43.0%，同比小幅

下降 0.2 个百分点。2011—2019 年我国原油、天然气对外依存度见图 2-12 和表 2-14。

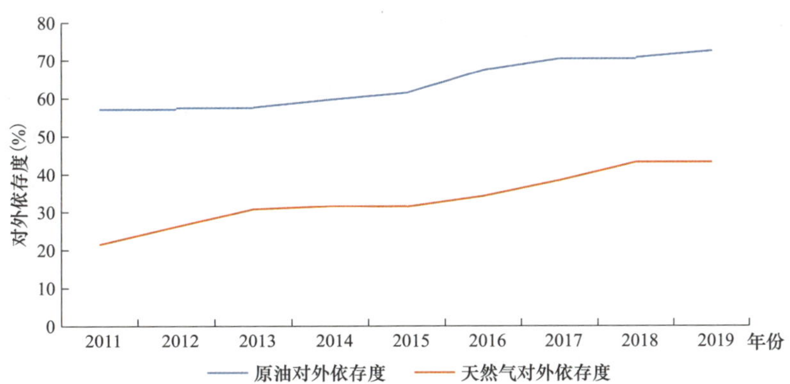

图 2-12　2011—2019 年我国原油、天然气对外依存度

数据来源：海关总署，国家能源局

表 2-14　　2011—2019 年我国原油、天然气对外依存度（%）

对外依存度	2011 年	2012 年	2013 年	2014 年	2015 年	2016 年	2017 年	2018 年	2019 年
原油对外依存度	57.1	57.5	57.7	59.7	61.5	67.5	70.5	70.8	72.6
天然气对外依存度	21.5	26.2	30.8	31.6	31.5	34.3	38.4	43.2	43.0

数据来源：海关总署，国家统计局

2.6　"十三五" 能源发展目标完成情况评估

根据 2019 年能源发展现状和 2020 年指标预测情况，对国家发展改革委、国家能源局发布的《能源发展"十三五"规划》发展目标完成情况进行评估。"十三五"能源发展目标完成情况评估结果见表 2-15。

能源消费总量和煤炭消费预计可以达标，电力消费超过预期。2019 年能源消费总量为 48.6 亿 t 标准煤，距离目标上限 1.4 亿 t 标准煤；2015—2019 年平均增长率为 3.1%，高于 3%的目标。据测算，预计 2020 年能源消费总量可以达标。其中，2019 年煤炭消费总量 39.3 亿 t，低于 41 万亿 t 的目标上限；2015—

表2-15　“十三五”能源发展目标完成情况评估

<table>
<tr><th rowspan="2">类别</th><th rowspan="2">指　标</th><th rowspan="2">单　位</th><th colspan="3">目　标</th><th colspan="2">完成情况</th></tr>
<tr><th>2015</th><th>2020</th><th>年均增长率（%）/累计增长</th><th>2019</th><th>2015—2019年均增长率（%）/累计增长</th></tr>
<tr><td rowspan="5">能源总量</td><td>一次能源生产</td><td>亿t标准煤</td><td>36.2</td><td>40</td><td>2.00%</td><td>39.7</td><td>2.33%</td></tr>
<tr><td>电力装机总量</td><td>亿kW</td><td>15.3</td><td>20</td><td>5.50%</td><td>20.1</td><td>7.07%</td></tr>
<tr><td>能源消费总量</td><td>亿t标准煤</td><td>43</td><td><50</td><td><3%</td><td>48.6</td><td>3.11%</td></tr>
<tr><td>煤炭消费总量</td><td>亿t原煤</td><td>39.6</td><td>41</td><td>0.70%</td><td>39.3</td><td>-0.19%</td></tr>
<tr><td>全社会用电量</td><td>万亿kWh</td><td>5.69</td><td>6.8～7.2</td><td>3.6～4.8</td><td>7.2</td><td>6.1</td></tr>
<tr><td>能源安全</td><td>能源自给率</td><td>%</td><td>84</td><td>>80</td><td>—</td><td>81.7</td><td>—</td></tr>
<tr><td rowspan="6">能源结构</td><td>非化石能源装机比重</td><td>%</td><td>35</td><td>39</td><td>4</td><td>40.8</td><td>5.8</td></tr>
<tr><td>非化石能源发电比重</td><td>%</td><td>27</td><td>31</td><td>4</td><td>30.4</td><td>3.4</td></tr>
<tr><td>非化石能源消费比重</td><td>%</td><td>12</td><td>15</td><td>3</td><td>15.2</td><td>3.2</td></tr>
<tr><td>天然气消费比重</td><td>%</td><td>5.9</td><td>10</td><td>4.1</td><td>8.2</td><td>2.3</td></tr>
<tr><td>煤炭消费比重</td><td>%</td><td>64</td><td>58</td><td>-6</td><td>57.7</td><td>-6.5</td></tr>
<tr><td>电煤占煤炭消费比重</td><td>%</td><td>49</td><td>55</td><td>6</td><td>58.2</td><td>9.2</td></tr>
<tr><td>能源效率</td><td>单位GDP能耗降低</td><td>%</td><td>—</td><td>—</td><td>-15</td><td>—</td><td>-12.5</td></tr>
</table>

2019年煤炭消费总量实现负增长。2019年全社会用电量7.2万亿kWh，达到目标预期上限。2015—2019年全社会用电量6.1%的平均增长率超出目标年均增长上限，预计2020年电力消费将超出预期。

能源消费结构方面，煤炭和非化石能源消费占比提前达标，天然气消费占比达标压力较大。2019年煤炭消费占比57.7%，比58%的目标低0.3个百分点，根据近年来煤炭消费占比持续下降的趋势预测，煤炭消费占比提前达标。其中电煤消费占比58.2%，比目标值高出3.2个百分点，已提前达标。2019年

非化石能源消费占比 15.2%，较 2015 年水平提高了 3.2 个百分点，高于 15% 的目标比重 0.2 个百分点。天然气消费总量增长较为缓慢，2019 年天然气消费占比 8.2%，较 2015 年提高了 2.3 个百分点，距 10%的目标还有 1.8 个百分点，达标压力较大。

能源供给预计可以达到目标。2019 年国内一次能源生产量实现较快增长，全年产量达 39.7 亿 t 标准煤，接近 40 亿 t 标准煤的预期水平。2015—2019 年均增长率 2.3%，超过 2%的目标，预计 2020 年将达到“十三五”规划目标。电力装机总量 20.1 亿 kW，超过 20 亿 kW 的目标；2015—2019 年均增长率 7.1%，高于 5.5%的预期。非化石能源装机比重 40.8%，超过预期目标 1.8 个百分点；非化石能源发电量比重 30.4%，与 31%的目标值相差 0.6 个百分点，预计 2020 年可以达标。

能源安全预计可以达标。2019 年能源自给率 81.7%，高于 80%的目标下限。目前我国油气增储上产态势良好，预计 2020 年能源自给率将进一步提高，能够实现能源自给率高于 80%的目标。

能源效率达标承压。2019 年国内单位生产总值能耗比 2015 年下降 12.5%，距 15%的累计目标差 2.5 个百分点。根据 2019 年下降速率估算，2020 年单位产值能耗预计 4.5 t 标准煤/万元，较 2015 年下降 14.8 个百分点，与 15%的目标相差 0.2 个百分点。数据表明近年来单位产值能耗下降速度逐渐减慢，预计“十三五”能源效率达标承压。

第3章

我国分品类能源供需情况

3.1　煤炭

3.1.1　煤炭需求

煤炭消费量连续第三年增长。2019 年我国煤炭消费 28.0 亿 t 标准煤，折合成煤炭消费实物量为 39.3 亿 t，同比增长 1.0%，占能源消费总量的 57.7%。2011—2019 年我国煤炭消费总量及增速如图 3-1 所示。

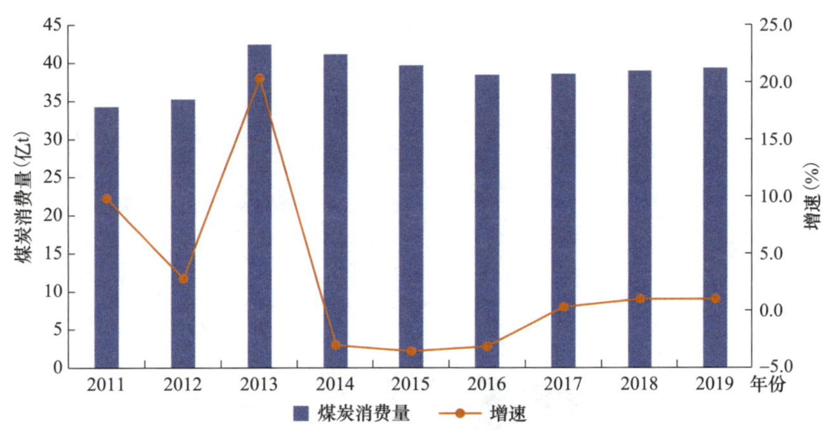

图 3-1　2011—2019 年我国煤炭消费总量及增速

数据来源：国家统计局

我国的煤炭消费主要集中在华北和华东地区。2019 年煤炭消费量排名前六的省份分别是山西省、内蒙古、山东省、河北省、江苏省和河南省。2011—2019 年，六省煤炭消费量呈现上升趋势，占全国煤炭总消费量的比重从 41.4%上升至 45.2%。分区域[1]看，华北地区煤炭消费量占全国比重最高，达 27.4%；华东地区

[1] 本报告中的华北地区包括北京市、天津市、河北省、山西省、内蒙古自治区，东北地区包括辽宁省、吉林省、黑龙江省，华北地区包括上海市、江苏省、浙江省、安徽省、福建省、江西省、山东省，华中地区包括河南省、湖北省、湖南省，华南地区包括广东省、广西壮族自治区、海南省，西南地区包括四川省、贵州省、云南省、重庆市、西藏自治区，西北地区包括甘肃省、陕西省、青海省、宁夏回族自治区、新疆维吾尔自治区，港澳台地区除外。

位列第二，消费占比 25.3%；西北地区煤炭消费占比 14.7%，居全国第三。2019 年我国各省份煤炭消费量及占比见表 3－1，分区域煤炭消费占比如图 3－2 所示。

表 3－1　2019 年我国各省份煤炭消费量及占比（前十位）

排序	省（市）	消费量（百万 t）	占比（%）
1	山西	492.1	17.5
2	内蒙古	435.7	15.5
3	山东	383.1	13.7
4	河北	259.6	9.3
5	江苏	247.1	8.8
6	河南	229.5	8.2
7	新疆	216.6	7.7
8	陕西	213.0	7.6
9	辽宁	168.0	6.0
10	广东	167.3	6.0

数据来源：各省统计局及南网能源院评估

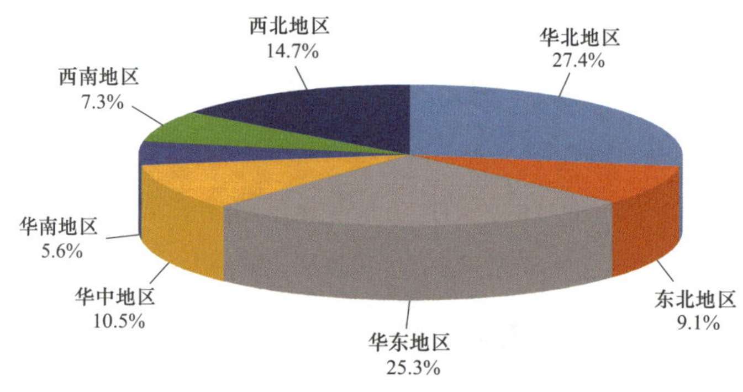

图 3－2　2019 年我国分区域煤炭消费占比

数据来源：各省统计局及南网能源院评估

电力、钢铁、建材和化工行业耗煤量占比持续上升。2019 年电力、钢铁、建材和化工等行业合计耗煤量约占煤炭消费总量的 92.1%。其中电力行业煤炭消费量 22.9 亿 t，钢铁行业 6.5 亿 t，建材行业 3.8 亿 t，化工行业 3.0 亿 t，其他行业合计约 3.1 亿 t。2019 年我国分行业煤炭消费占比如图 3－3 所示。

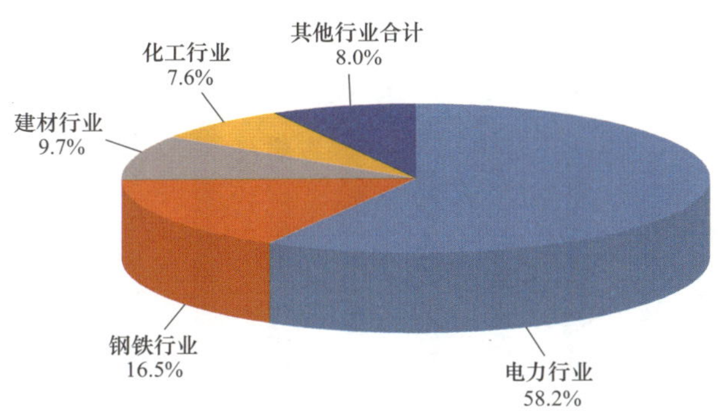

图 3-3　2019 年我国分行业煤炭消费占比

数据来源：国家统计局

3.1.2　煤炭供给

煤炭产量连续第四年增长，但增速略有回落。2019 年我国持续推进煤炭增优减劣，优质先进产能进一步释放，原煤产量 38.5 亿 t，同比增长 4.0%，增速下降 0.5 个百分点。煤炭开采和洗选业产能利用率为 70.6%，与上年持平。2011—2019 年我国原煤总产量及增速如图 3-4 所示，2019 年我国原煤日均产量及增速如图 3-5 所示。

图 3-4　2011—2019 年我国原煤总产量及增速

数据来源：国家统计局

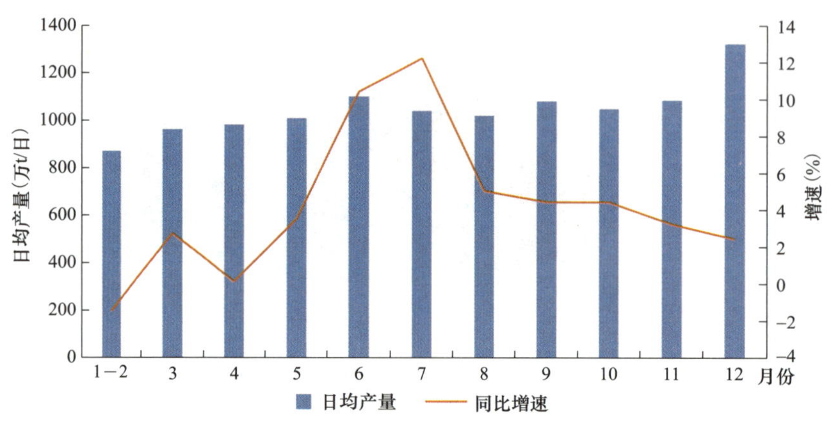

图 3－5　2019 年我国原煤日均产量及增速

数据来源：国家统计局

煤炭产能向资源富集地区进一步集中，华北地区煤炭产能居全国首位。分省份看，2019 年内蒙古自治区原煤产量最多，达 103 523.7 万 t，占全国原煤总产量的 27.6%；其次为山西省，产量达 97 109.4 万 t，占全国 25.9%；陕西省位列第三，产量达 63 412.4 万 t，占全国 16.9%。分区域看，华北地区煤炭产量最高，占全国 54.9%；其次是西北地区，占全国 26.4%。2019 年我国各省份原煤产量及占比（前十位）见表 3－2，分区域煤炭产量占比如图 3－6 所示。

表 3－2　　2019 年我国各省份原煤产量及占比（前十位）

排序	省（市）	产量（百万 t）	占比（%）
1	内蒙古	1035.2	27.6
2	山西	971.1	25.9
3	陕西	634.1	16.9
4	新疆	237.7	6.3
5	贵州	129.7	3.5
6	山东	118.8	3.2
7	安徽	109.9	2.9

续表

排序	省（市）	产量（百万 t）	占比（%）
8	河南	108.7	2.9
9	宁夏	71.7	1.9
10	黑龙江	52.0	1.4

数据来源：国家统计局

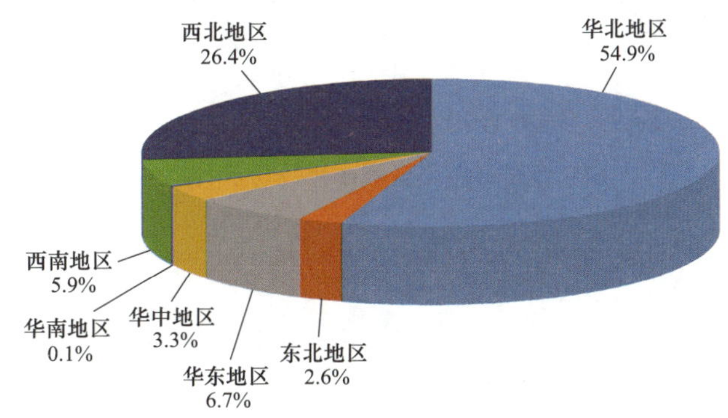

图 3-6　2019 年我国分区域煤炭产量占比

数据来源：国家统计局

3.1.3　煤炭供需影响因素

（1）煤炭价格。**2019 年，我国煤炭价格先涨后跌，整体处于较高水平**。煤价于上半年走高后逐渐回归理性，下半年稳中有降。从环渤海动力煤指数来看，2019 年，煤炭价格始终稳定在合理区间，1—12 月平均价格 573.3 元/t，同比增长 2.2 元/t。从 CCTD 秦皇岛煤炭价格指数来看，CCTD 秦皇岛 4500、5000、5500 年度平均综合价分别为 454.2 元/t、509.5 元/t、573.6 元/t，同比分别减少 26.4 元/t、33.5 元/t、16.0 元/t。环渤海动力煤（5500 大卡）价格情况如图 3-7 所示，秦皇岛港煤炭价格情况如图 3-8 所示。

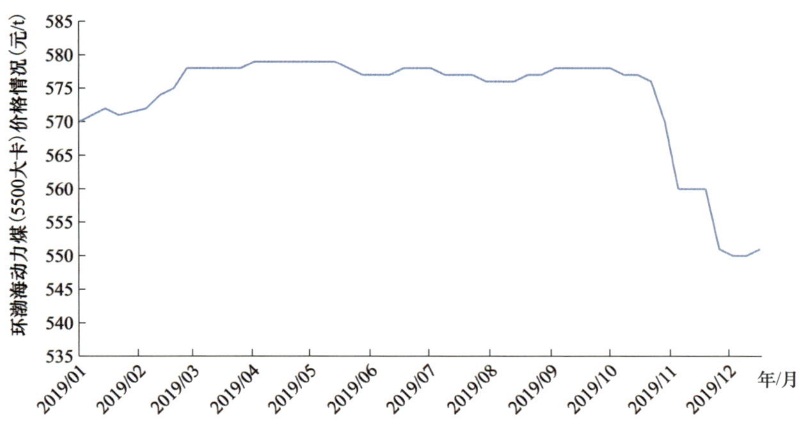

图 3-7　环渤海动力煤（5500 大卡）价格情况

数据来源：万得资讯（WIND）

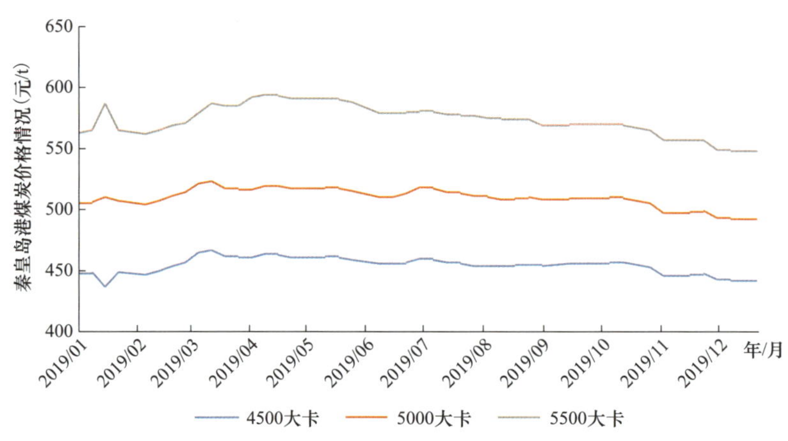

图 3-8　秦皇岛港煤炭价格情况

数据来源：WIND

（2）煤炭供给侧改革。**我国煤炭过剩产能逐步化解，供给质量显著提升。** 2019 年是国家推动煤炭供给侧改革的第四年。四年来，在国家和各地区政府的有序推动下，我国煤炭过剩产能得以逐步化解，落后产能逐步淘汰，优质产能释放速度不断加快，全国煤炭供给质量得以显著提高。截至 2019 年，退出煤炭落后产能超过 8 亿 t，淘汰关停落后煤电机组 2000 万 kW 以上，均提前两年完成“十三五”去产能目标任务。

煤矿数量大幅减少，现代化水平提升。2019 年底，全国煤矿数量减少到近 5300 处，平均产能提高到 98 万 t/年左右。全国建成年产 120 万 t 以上的大型现代化煤矿 1200 处以上，产量占全国的 80%左右，其中千万吨级煤矿 44 处，产能 6.96 亿 t/年。人工智能、大数据、机器人等现代化信息技术与煤炭开发利用深度融合，全国建成的 200 多个智能化采煤工作面，基本实现了采煤工作面有人巡视、无人值守、减员增效。

3.1.4　煤炭供需平衡情况

煤炭供需总体偏紧，但程度有所缓解。2019 年我国煤炭生产量和消费量的缺口达 0.8 亿 t，同比缩小 1.3 亿 t。2016 年以来，我国煤炭产能持续回升，消费量基本保持平稳，供应紧张形势逐年缓解。2011—2019 年我国煤炭生产/消费量如图 3-9 所示。

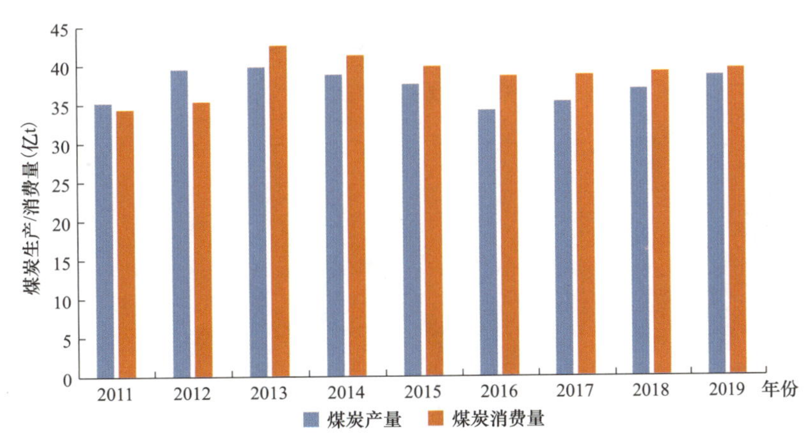

图 3-9　2011—2019 年我国煤炭生产/消费量

数据来源：国家统计局

我国煤炭进口连续四年保持增长。2019 年，我国进口煤炭 29 967 万 t，同比增长 6.3%，增速提高 2.4 个百分点，进口量占煤炭消费总量 7.6%，同比提高 0.4 个百分点；出口煤炭 602.5 万 t，同比增长 22.1%。从品种来看，进口褐煤 10 259 万 t，动力煤 11 542 万 t，炼焦煤 7466 万 t，无烟煤 719 万 t。从进口国来看，2019 年我国进口煤炭主要来源于印尼 13 760 万 t，澳大利亚 7696 万 t，蒙古 3621 万 t，俄罗斯 3224 万 t，菲律宾 934 万 t。2019 年我国进口煤炭来源分布如图 3 - 10 所示，各月煤炭进口量如图 3 - 11 所示 。

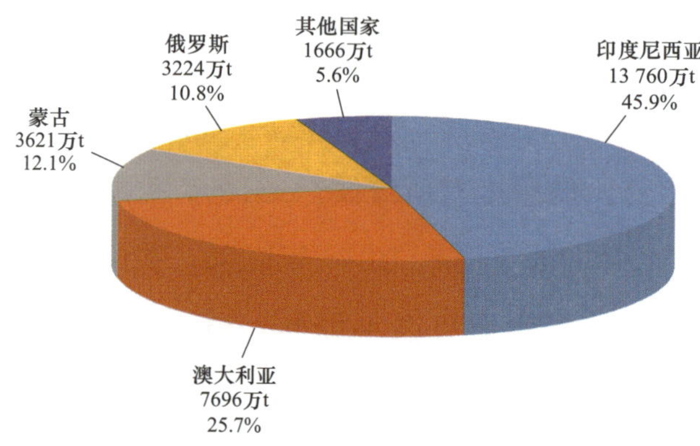

图 3 - 10　2019 年我国进口煤炭来源分布

数据来源：海关总署

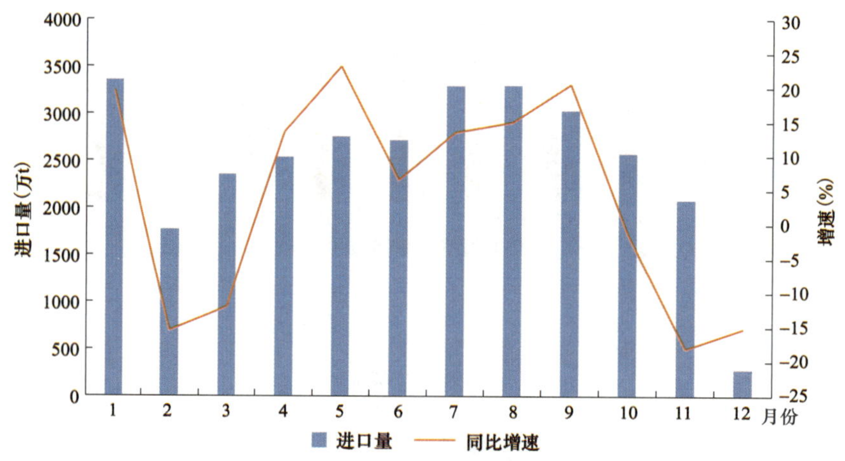

图 3 - 11　2019 年我国各月煤炭进口量

数据来源：海关总署

大部分进口煤供应给我国东南沿海地区。2019 年沿海地区共进口煤炭 2.2 亿 t，占进口总量 73.4%。分地区看，华南地区进口 1.5 亿 t，占进口总量 50.1%；其次为华东及长江地区，合计进口 0.7 亿 t，占比 23.4%。2019 年我国各区域煤炭进口量见表 3-3。

表 3-3　2019 年我国各区域煤炭进口量（前三名）

序号	地区	2019 年煤炭进口量（亿 t）	煤炭进口量占全国煤炭进口量的比重（%）	煤炭进口量占地区消费量比重（%）
1	华南地区	1.5	50.1	34.7
2	华东及长江地区	0.7	23.4	49.0
3	其他地区	0.7	26.5	8.4

数据来源：海关总署

3.2　石油

3.2.1　石油需求

原油消费稳步提升，增速达 2011 年以来最高水平。2019 年受国内炼油能力提升的拉动，原油消费量出现较大幅度的增长，达 6.5 亿 t，同比增长 6.8%，增速提高 0.3 个百分点，为 2011 年以来最高增速。2011 年以来，我国石油消费呈持续增长态势，2011—2019 年均增长率 5.0%。2011—2019 年我国原油消费量及增速如图 3-12 所示。

我国原油消费主要集中于东部地区。山东和辽宁面向良港，炼化产业较多，原油加工量大，油品消费需求旺盛。2019 年山东原油消费量 1.5 亿 t，同比增长 15.3%，占全国 22.9%；辽宁原油消费量 0.7 亿 t，同比增长 1.6%，占全国 11.1%。广东、江苏、浙江、上海由于人口较多，经济发达，原油消费量较大，合计占全国 23.3%。分区域看，华东地区消费量 2.9 亿 t，占全国

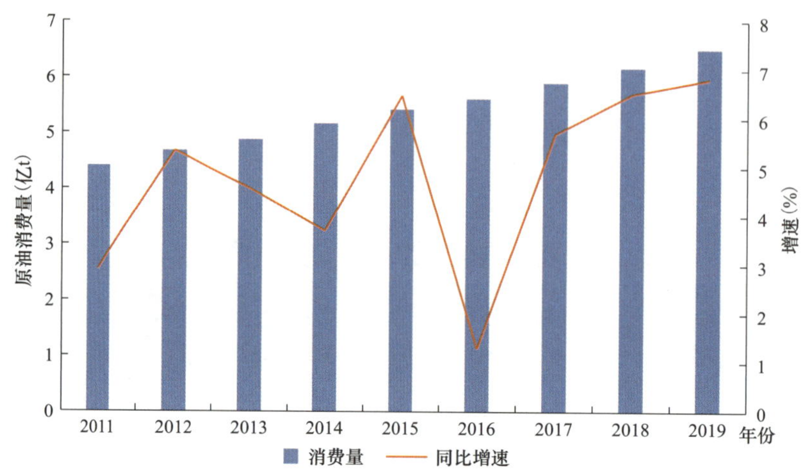

图 3-12　2011—2019 我国原油消费量及增速

数据来源：国家统计局

46.2%，远高于其他地区。2019 年我国分省份原油消费量（前十位）见表 3-4，分区域原油消费占比如图 3-13 所示。

表 3-4　2019 年我国分省份原油消费量（前十位）

排序	省（市）	消费量（百万 t）	占比（%）
1	山东	151.0	22.9
2	辽宁	73.4	11.1
3	广东	55.5	8.4
4	江苏	39.9	6.1
5	浙江	31.1	4.7
6	上海	27.3	4.1
7	新疆	26.0	3.9
8	福建	20.6	3.1
9	广西	18.3	2.8
10	陕西	18.2	2.8

数据来源：国家统计局，中国能源统计年鉴，各省统计年鉴及南网能源院评估

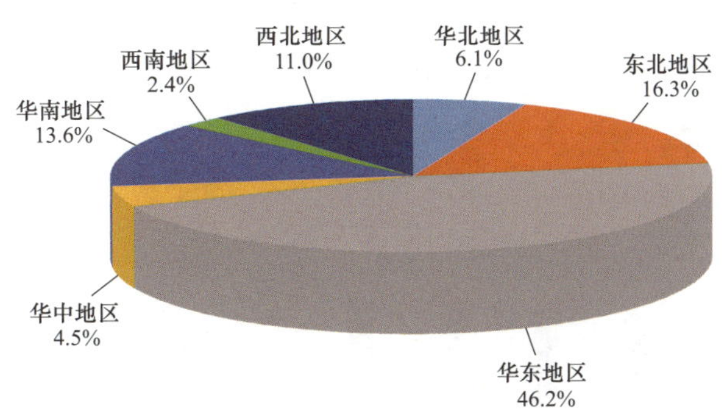

图 3-13　2019 年分区域原油消费占比

数据来源：国家统计局，中国能源统计年鉴，各省统计年鉴及南网能源院评估

成品油消费增速趋缓。2019 年，成品油表观消费量 3.3 亿 t，同比增长 1.4%，增速下降 4.6 个百分点，为 2016 年以来最低水平。2011—2019 年我国成品油表观消费量及增速如图 3-14 所示。

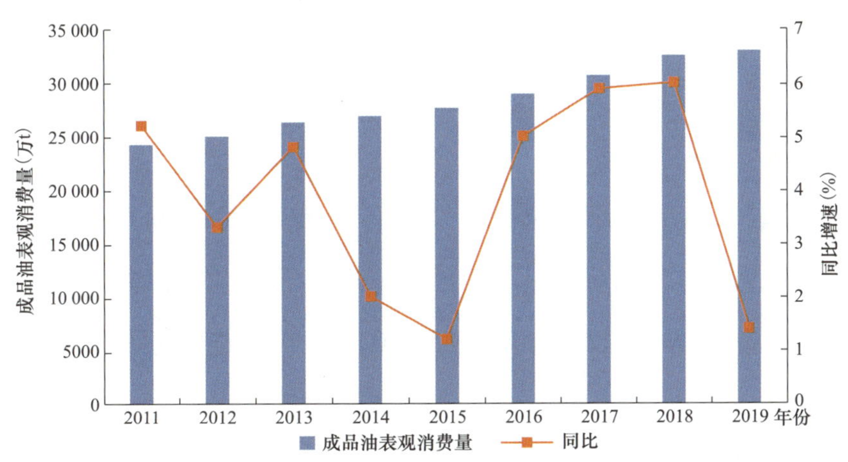

图 3-14　2011—2019 年我国成品油表观消费量及增速

数据来源：国家统计局

汽油消费趋于饱和，柴油消费负增长。2019 年我国汽油消费 1.4 亿 t，同比增长 2.3%，增速下降 5.5 个百分点。2011—2019 年汽油消费的年均增长率 7.6%。2019 年我国柴油消费 1.8 亿 t，同比下降 0.5%。柴油

消费量近年来基本保持稳定，2011—2019年柴油消费的年均增长率1.5%，柴油的消费已经趋于饱和。2011—2019年我国汽油和柴油消费量如图3-15所示。

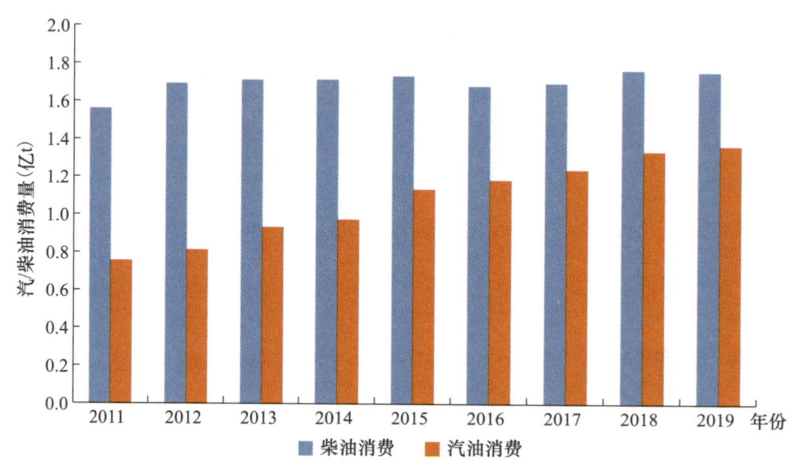

图3-15　2011—2019年我国汽油、柴油消费量

数据来源：国家统计局

3.2.2　石油供给

原油产量较2018年小幅增长。2019年我国油气勘探开发力度加大，原油产量达1.9亿t，同比增长1.2%，连年下跌趋势得以扭转。2011—2019年原油产量年均增长率-0.8%。2011—2019年我国原油产量和增速如图3-16所示。

原油生产主要集中于西北和东北地区。2019年西北地区原油产量6581.4万t，居全国第一位，占全国34.5%，主要产地为陕西、新疆；东北地区原油产量4549.0万t，仅次于西北地区，占全国23.8%，主要产地为黑龙江、辽宁。其余地区中，天津、山东、广东原油产量也较大，分别为3111.9万t、2237.8万t和1475.1万t。2011—2019年我国各省份原油产量及占比（前十位）见表3-5，2019年我国分区域原油产量占比如图3-17所示。

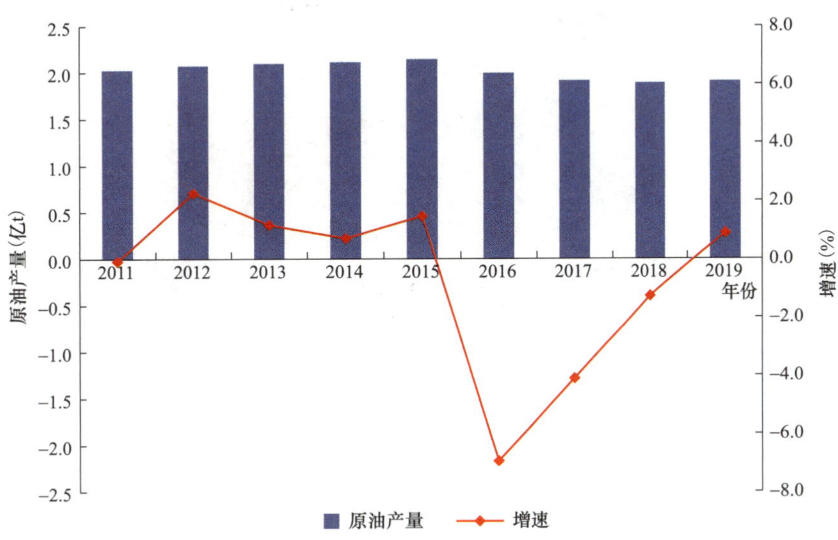

图 3-16　2011—2019 年我国原油产量和增速

数据来源：国家统计局

表 3-5　2011—2019 年我国各省份原油产量及占比（前十位）

排序	省（市）	消费量（百万 t）	占比（%）
1	陕西	35.4	18.5
2	天津	31.1	16.3
3	黑龙江	31.1	16.3
4	新疆	27.5	14.4
5	山东	22.4	11.7
6	广东	14.8	7.7
7	辽宁	10.5	5.5
8	河北	5.5	2.9
9	吉林	3.9	2.0
10	河南	2.5	1.3

数据来源：国家统计局

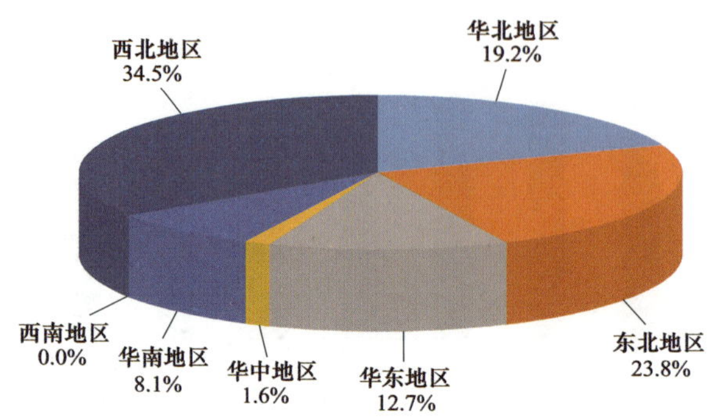

图 3-17　2019 年分区域原油产量占比

数据来源：国家统计局

成品油方面，汽油产量增速趋缓，柴油产量持续下降。2019 年我国汽油产量 1.4 亿 t，同比增长 1.7%，增速下降 2.9 个百分点。2011—2019 年我国汽油产量的年均增长率 7.2%，年增速逐渐趋缓。2019 年我国柴油产量为 1.7 亿 t，同比下降 4.2%。柴油产量自 2010 年以来增长较为平缓，并在近两年持续下降。2011—2019 年我国汽油、柴油产量如图 3-18 所示。

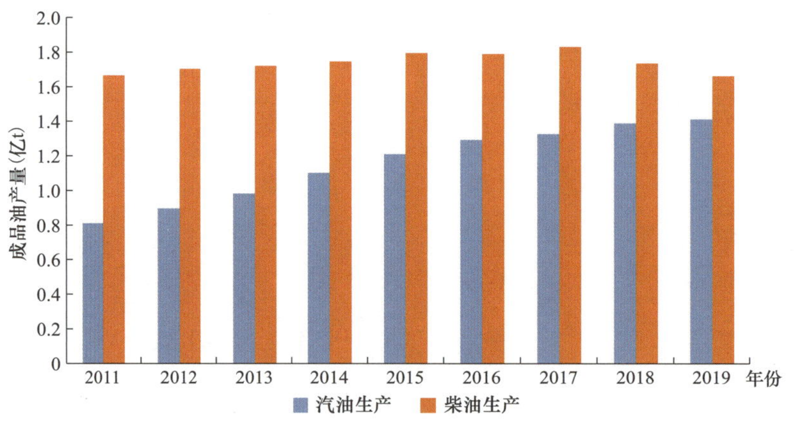

图 3-18　2011—2019 年我国汽油、柴油产量

数据来源：国家统计局

成品油产能分布较 2018 年更加多元化。2019 年，多个炼化项目投产，成品油产能分布更加多元化，市场竞争进一步加剧。排名第一的山东成品油总产

量 5716 万 t，同比下降 19.4%；占全国 15.0%，同比下降 4.7 个百分点。2019 年我国各省份成品油产量见表 3-6。

表 3-6　　2019 年我国各省份成品油产量（前十位）（百万 t）

省（市）	汽柴煤总量	汽油	柴油	煤油
山东	57.2	23.2	31.3	2.7
辽宁	47.0	17.9	21.5	7.7
广东	34.8	11.7	14.7	8.4
江苏	19.7	8.1	6.6	5.0
上海	16.5	6.1	7.0	3.4
陕西	14.0	6.4	6.8	0.8
新疆	13.9	4.2	8.6	1.1
福建	13.8	4.1	5.7	4.0
浙江	12.9	3.5	6.4	2.9
广西	12.5	5.2	5.8	1.6

数据来源：国家统计局

3.2.3　石油供需影响因素

（1）国际政治经济局势。**中东局势动荡升级**。2019 年，中东地缘政治动荡升级，增加了油市的不确定性。6 月 13 日，伊朗油轮在阿曼海遇袭发生爆炸；6 月 20 日伊朗击落美国无人机；9 月 14 日沙特阿拉伯石油设施遭无人机袭击，导致 570 万桶/日的石油生产能力关闭，引起油价暴涨，一周后沙特紧急恢复装置的运行，国际油价随即大幅下落。

国际贸易摩擦升级。2018 年开始，中国与美国的贸易纠纷升级。由于美国加征关税的中国产品大多数为制造业产品，因此中美贸易纠纷在一定程度上影响我国的原油需求。2019 年 12 月中美达成第一阶段贸易协定，促使市场产生需求改善预期。

（2）国际原油供应格局。**国际原油供应格局发生变化**。2019 年，美国二叠纪盆地石油产量突破 400 万桶，EPIC、Catus II 和 Gray Oak 三条管道先后建成投产，管输瓶颈大为缓解。9 月单月美国原油和石油制品出口量大于进口量，标志美国成为石油净出口国，在国际原油市场的影响力进一步提升。EIA 估计 2019 年美国出口量达 295 万桶/日，跻身全球五大石油出口国之一。为了稳住国际原油市场价格，OPEC 协议减产 190 万桶/日，日产量达 3000 万桶；非 OPEC 石油产量 6480 万桶/日，同比提升 180 万桶/日。OPEC 的国际影响力进一步被削弱，内部矛盾升级，卡塔尔和厄瓜多尔相继宣布退出。

受美国制裁影响，委内瑞拉和伊朗原油大幅减产。1 月底，美国宣布制裁委内瑞拉，冻结委内瑞拉石油公司在美国的资产，要求美国国内炼厂停止购买委内瑞拉原油，禁止向委内瑞拉出口重质油稀释剂。受制裁影响，委内瑞拉原油产量大幅下滑，日产量仅 80 万桶，同比减少 54 万桶/日。5 月 2 日起，美国正式结束对伊朗石油的进口豁免，伊朗原油产量降至 236 万桶/日，同比减少 120 万桶/日；出口量 50 万桶/日，同比大幅减少 149 万桶/日。

（3）国际石油价格。**2019 年国际油价整体水平低于 2018 年**。2019 年全球主要经济体之间的贸易壁垒不断高筑，同时中东、北非和南美政局动荡不安，全球经济增速明显放缓。受此影响，2019 年世界石油需求同比增长 96 万桶/日，增量为 2011 年以来最低水平。需求不振是国际油价下行的首要因素。2019 年，布伦特原油均价 64.1 美元/桶，同比下降 10.6%；受美国页岩油产量大幅增加的影响，WTI 原油价格较大幅度下跌，全年均价为 56.9 美元/桶，同比下降 12.3%；迪拜原油均价 63.5 美元/桶，同比下降 8.8%。2011—2019 年国际原油价格如图 3-19 所示。

重质原油供应下降，轻质原油资源增加，轻重质原油价差大幅收窄。受美国制裁，委内瑞拉和伊朗原油产量大幅下降，加之以 OPEC 为首的产油国减产实施效果可观，导致 2019 年全球重质原油供应大幅下降。美国原油产量大幅提升，推动轻质原油资源增加，对轻质原油价格构成压力，使轻、重质油价差大

幅收窄。2019 年，布伦特原油与迪拜原油间的价差收窄至 0.54 美元/桶。

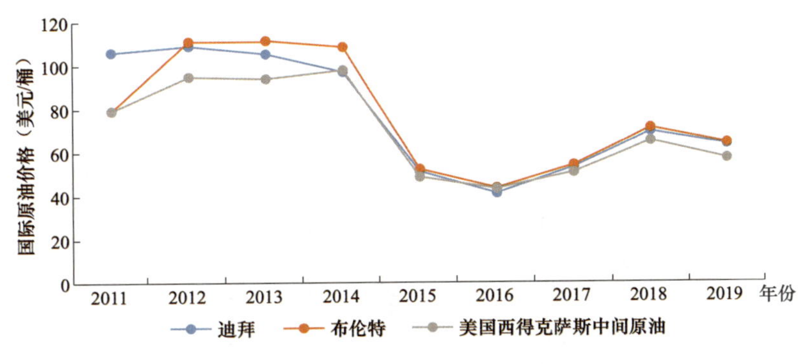

图 3-19　2011—2019 年国际原油价格

数据来源：BP《Statistical Review of World Energy 2020》以及公开资料整理

美元对油价的影响力逐渐下降。为规避美国制裁，除英国、法国、德国外，多个欧盟国家与伊朗之间开始使用 INSTEX 结算系统进行石油交易。俄罗斯石油公司对外贸易合同改用欧元结算。中国与伊拉克之间达成了基建换石油的协议。2019 年，布伦特期货价格与美元指数的相关系数降为 -0.11。

（4）行业发展。**汽车行业承压**。受中美贸易纠纷、环保标准切换、新能源补贴退坡、城乡公交系统基础设施不断完善、高铁迅猛发展等因素影响，2019 年汽车产销量分别同比下降 7.5%和 8.2%。从月度产销趋势来看，2019 年下半年我国汽车行业产销状况逐步好转，其中 12 月销售量同比小幅下降 0.1 个百分点，较上年同期基本持平。

新能源汽车对汽油替代效应进一步扩大。受新能源补贴退坡影响，2019 年新能源汽车产销分别完成 124.2 万辆和 120.6 万辆，同比分别下降 2.3%和 4.0%。2019 年新能源汽车实现对汽油和柴油的替代量约为 200 万 t，同比增长 18.4%，增速回落 3.8 个百分点。

3.2.4　石油供需平衡情况

原油生产与消费缺口进一步扩大。2019 年原油消费量大幅增长，产能仍保持在相对较低的水平，原油净进口量 5.0 亿 t，同比增加 0.7 亿 t。2011—2019 年我国原油生产/消费量如图 3-20 所示。

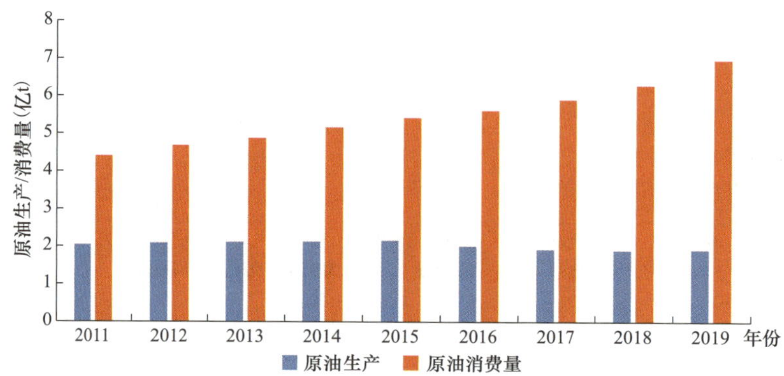

图 3-20　2011—2019 年我国原油生产/消费量

数据来源：国家统计局

汽油供应整体宽松。2019 年汽油生产量为 1.4 亿 t，同比增长 1.7%；消费量为 1.4 亿 t，同比增长 2.3%，生产量稍有盈余。2011 年以来，我国汽油生产量和消费量持续上涨，近年来增速逐渐趋缓。2011—2019 年我国汽油生产/消费量如图 3-21 所示。

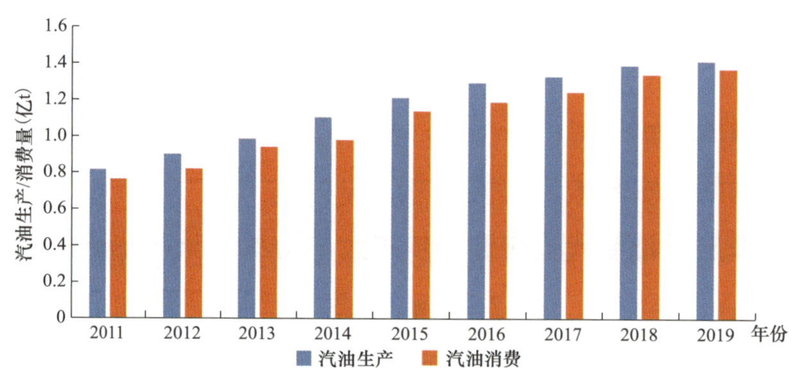

图 3-21　2011—2019 年我国汽油生产/消费量

数据来源：国家统计局

柴油供需偏紧。2019 年柴油生产量为 1.7 亿 t，同比下降 4.2%，消费量为 1.76 亿 t，同比下降 0.5%，消费量高于生产量。自 2011 年以来，我国柴油生

产量与消费量经短暂的上升后基本保持平稳，近年来出现一定程度的下降。2011—2019 年我国柴油生产量/消费量如图 3-22 所示。

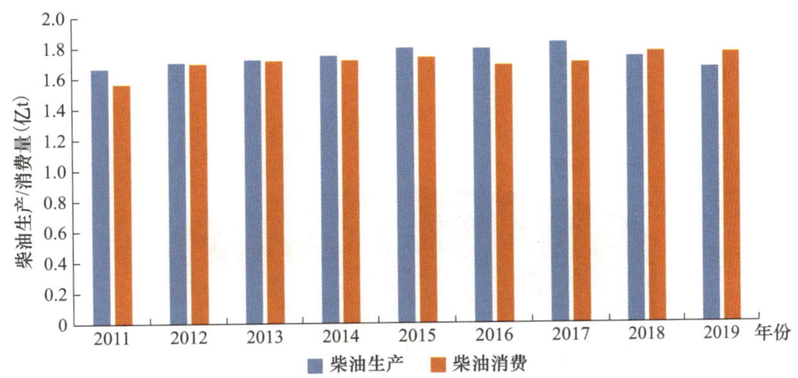

图 3-22　2011—2019 年我国柴油生产/消费量

数据来源：国家统计局

原油进口量持续攀升。2019 年我国原油消费需求进一步增加，原油进口量提升至 5.1 亿 t，出口量下滑至 0.008 亿 t，净进口量达 5.0 亿 t，同比增长 9.5%。2019 年原油对外依存度达 72.6%，同比提升 1.8 个百分点。2011—2019 年我国原油净进口量及对外依存度如图 3-23 所示。

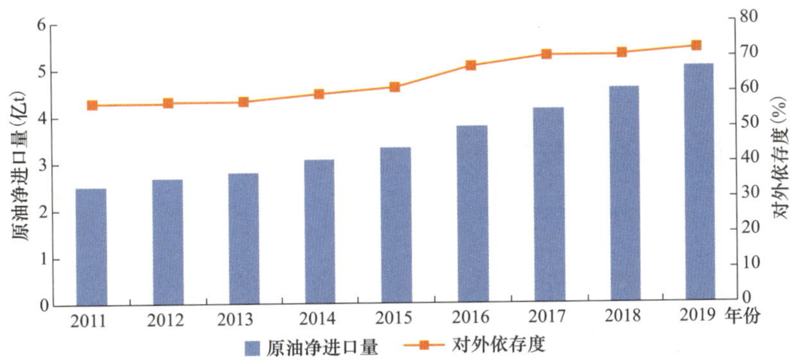

图 3-23　2011—2019 年我国原油净进口量及对外依存度

数据来源：海关总署

沙特阿拉伯成为我国第一大原油供应国。2019 年沙特阿拉伯超越俄罗斯，成为我国第一大原油供应国，进口量 8332.9 万 t，占我国进口总量的 16.5%，同比提升 4.2 个百分点；俄罗斯排名回落至第二位，进口量 7764.3 万 t，占比 15.4%，同比下降 0.1 个百分点；伊拉克位列第三位，进口量 5179.8 万 t，占比 10.2%；安哥拉排名第四位，进口量 4734.3 万 t，占比 9.4%。2019 年我国原油进口来源如图 3-24 所示。

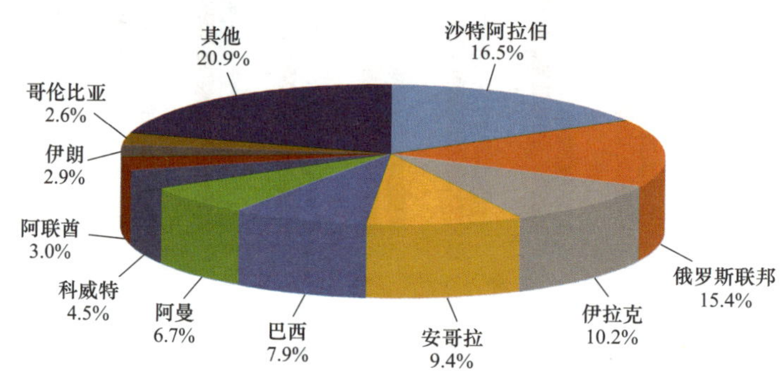

图 3-24　2019 年我国原油进口来源

数据来源：海关总署

3.3　天然气

3.3.1　天然气需求

我国天然气消费量保持较快增长，但增速明显回落。2019 年我国天然气消费量 3044 亿 m^3，占一次能源消费总量 8.2%，同比增长 8.6%，增速回落 8.5 个百分点。天然气消费增速回落的主要原因包括居民、采暖、工业等行业“煤改气”推进趋稳、新能源快速发展等。2011—2019 年我国天然气消费量及增速如图 3-25 所示。

城市燃气、工业、化工用气显著增长，发电用气下降。2019 年，城市燃气用气量 1141 亿 m^3，同比增长 15.2%，占天然气消费总量 37.2%；工业用气 1070 亿 m^3，同比增长 17.5%，占比 34.9%；发电用气由升转降，用气量

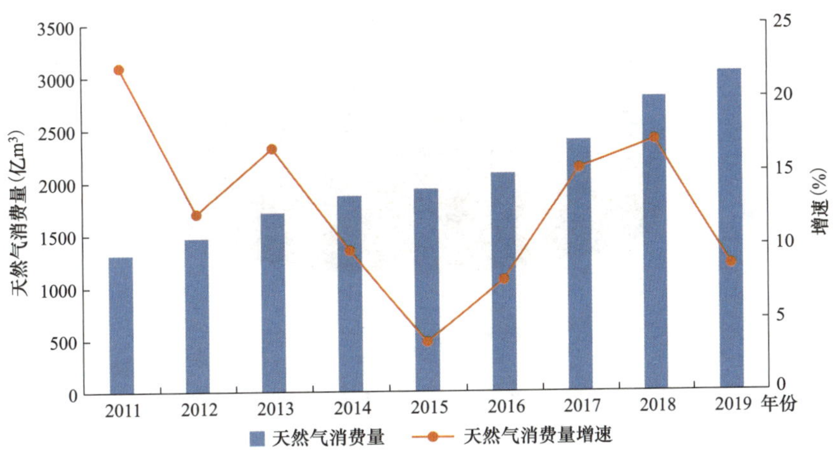

图 3-25　2011—2019 年我国天然气消费量及增速

数据来源：国家统计局

546 亿 m³，同比下降 11.2%，占比 17.8%；化工用气转降为升，用气量 313 亿 m³，同比增长 25.1%，占比 10.2%。2019 年我国分部门天然气消费量及增速见表 3-7，天然气消费结构如图 3-26 所示。

表 3-7　2019 年我国分部门天然气消费量及增速

用　　途	消费量（亿 m³）	增速（%）
城市燃气	1141	15.2
工业用气	1070	17.5
发电	546	-11.2
化工用气	313	25.1

数据来源：中国石油集团经济技术研究院《2019 年国内外油气行业发展报告》

华东和华北地区天然气消费量高速增长，西北地区增长较慢。2019 年，江苏、北京、山东、浙江、河北等省份天然气消费量快速增长，增速均超过 10%。分地区看，华东地区消费量 887.9 亿 m³，同比增长 14.0%；华北地区消费量 602.3 亿 m³，同比增长 11.9%；华中地区消费量 222.6 亿 m³，同比增长 9.7%；西南地区消费量 379.5 亿 m³，同比增长 6.0%；华南地区消费量

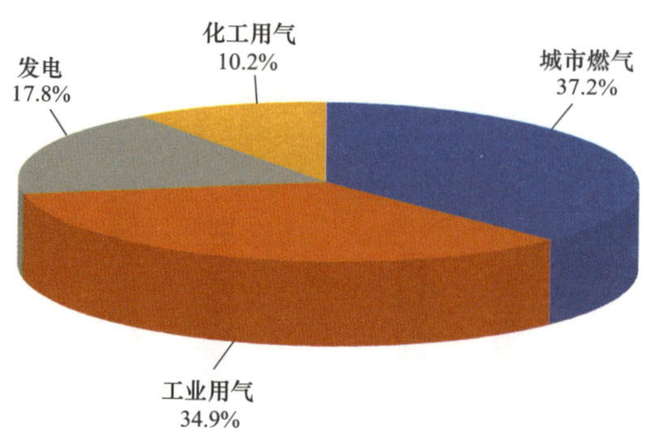

图3-26　2019年我国天然气消费结构

数据来源：中国石油集团经济技术研究院《2019年国内外油气行业发展报告》

274.5亿m^3，同比增长6.3%；东北地区消费量147.3亿m^3，同比增长5.9%；西北地区天然气消费增长较慢，消费量349.3亿m^3，同比增长2.1%。2019年我国分省份天然气消费量及占比（前十位）见表3-8，分区域天然气消费占比如图3-27所示。

表3-8　2019年我国分省份天然气消费量及占比（前十位）

排　序	省（市）	消费量（亿m^3）	占比（%）
1	江苏	360.1	11.8
2	四川	227.9	7.5
3	北京市	216.1	7.1
4	广东	212.3	7.0
5	山东	173.2	5.7
6	浙江	131.6	4.3
7	河北	129.9	4.3
8	河南	129.1	4.2
9	陕西	119.6	3.9
10	新疆	116.9	3.8

数据来源：国家统计局，中国能源统计年鉴，各省统计年鉴及南网能源院评估

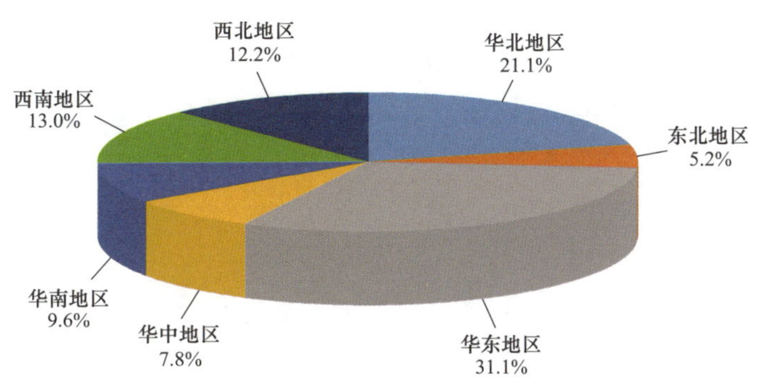

图3-27 2019年我国分区域天然气消费占比

数据来源：国家统计局，中国能源统计年鉴，各省统计年鉴及南网能源院评估

3.3.2 天然气供给

油气探明地质储量继续大幅增加。2019年是中国油气勘探行业“七年行动计划”的开局之年，天然气勘探开发力度明显加大，全国新增天然气探明储量1.6万亿m^3，同比增长62.8%。其中，常规天然气新增探明储量8091亿m^3，页岩气新增探明储量7644亿m^3。2019年我国天然气新增探明储量见表3-9。

表3-9 2019年我国天然气新增探明储量

类　别	储量（万亿m^3）	增速（%）
天然气储量	1.6	62.8
其中：常规天然气	0.8	-2.7%
其中：页岩气	0.8	513.1%

数据来源：《中国天然气发展报告（2020）》

天然气产量继续保持快速增长。2019年全国天然气产量1736.2亿m^3，同比增长9.8%。其中，页岩气产量154.0亿m^3，同比增长41.5%；煤层气产量88.8亿m^3，同比增长22.3%。2019年我国天然气产量及增速见表3-10。

表3-10　　2019年我国天然气产量及增速

类　别	产量（亿m³）	增速（%）
天然气产量	1736.2	9.8
其中：页岩气产量	154.0	41.5
其中：煤层气产量	88.8	22.3

数据来源：国家统计局，国家发改委

我国天然气产区主要集中于西部地区。2019年长庆油田生产天然气412.3亿m^3，占全国天然气总产量的23.7%；中国石油塔里木油田生产天然气280.0亿m^3，占比16.1%；中国石油西南油气田公司生产天然气268.5亿m^3，占比15.5%。2019年我国主要产区天然气产量占比如图3-28所示。

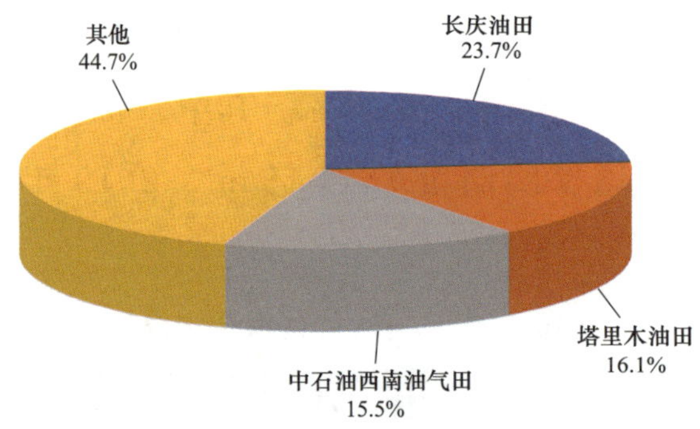

图3-28　2019年我国主要产气区产气量占比

数据来源：南网能源院根据公开资料整理

3.3.3　天然气供需影响因素

（1）天然气价格。**天然气进口均价延续上涨态势，管道气是拉动价格上涨的主要因素**。2019年进口天然气均价2978元/t，同比上涨5.5%。其中，受全球LNG供应过剩影响，进口LNG均价3280元/t，同比下降1.1%；进口管道

气均价 2475 元/t，同比上涨 18.0%。2019 年月度进口天然气价格如图 3-29 所示。

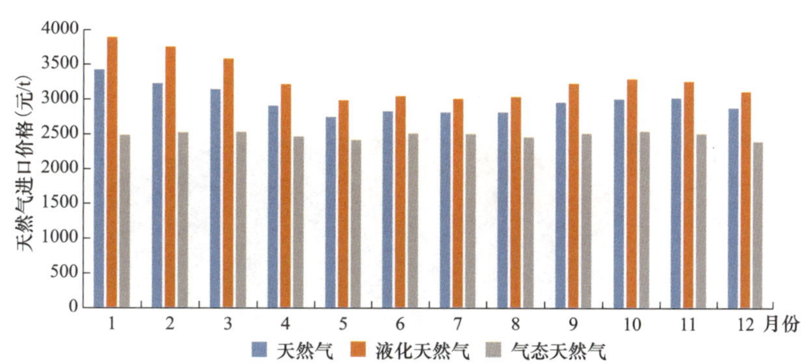

图 3-29　2019 年月度进口天然气价格

数据来源：海关总署

多地推动上下游价格联动机制进一步发展。2019 年，四川成都以及浙江嘉兴、湖州、江山等地正式执行非居民用气上下游价格联动，山东济南于 8 月 12 日开始执行居民和非居民用气价格联动机制，贵州遵义、山西太原、河北保定等市制订 2019—2020 年冬季非居民天然气销售价格。

天然气交易中心较快发展。2019 年，上海石油天然气交易中心开展 LNG 接收站窗口期交易和远期 LNG 交易，重庆石油天然气交易中心创新性采用管道气方式交收进口 LNG 现货。此外，6 月原浙江石油化工交易中心更名为浙江国际油气交易中心；10 月多家企业签订战略合作协议，共建西安油气交易中心；11 月粤港澳大湾区国际能源交易中心启动建设。

（2）基础设施建设[1]。**管道建设稳步推进**。2019 年底，我国建成天然气干线输气管道总里程超过 8.7 万 km。2019 年 12 月，中俄东线管道北段正式投产通气，潜江—韶关天然气管道已部分完工，全年建成跨省干线管道约 870km。区域管网建设持续推进，闽粤支干线全线贯通，青岛首条海底天然气管道项目

[1] 除特殊标注外，本节数据来源于《2019 年国内外油气行业发展报告》。

建设启动。国内油气长输管道主要归属于中国石油、中国石化和中国海油三大石油公司，占比分别为 71%、6%和 5%，其他公司合计占比约 18%。2019 年底我国长输管道企业拥有占比如图 3 - 30 所示。

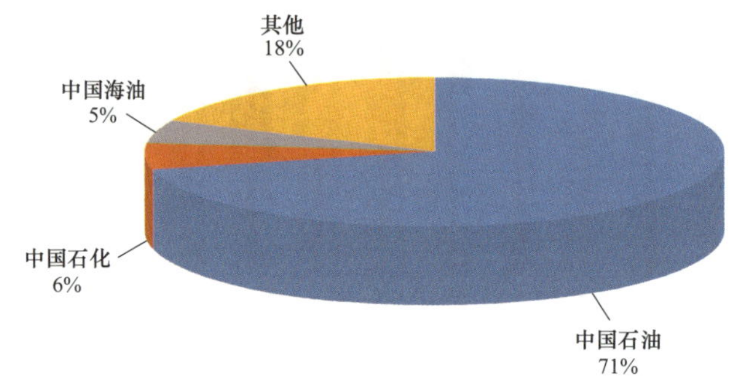

图 3 - 30　2019 年底我国长输天然气管道总里程占比

数据来源：中国石油经济研究院

储气库建设稳步推进。2019 年底，我国累计建成 27 座地下储气库，调峰能力达 140 亿 m^3。中国石油制订《2019—2030 年储气库建设规划方案》，明确至 2030 年将扩容 10 座储气库（群），新建 23 座储气库。

LNG 接收能力稳步提升。2019 年底，我国 LNG 接收站总接卸能力达 7615 万 t/年；在建 LNG 接收站 12 座，一期接收能力共 3490 万 t/年；8 座 LNG 接收站开工扩建，投产后接收能力将增加 3280 万 t/年。民营企业 LNG 接收能力进一步提升，2019 年三大石油公司以外 LNG 接收站运营商的接收能力占全国比重达 11%，提升近 3 个百分点。

天然气基础设施互联互通工程顺利推进。2019 年 6 月，国家发展改革委部署 41 项互联互通重点工程。2019 年底，川气东送新塍－嘉兴输气站输气管道竣工，实现江苏、浙江两省管网互联。此外，中国石化青宁管道正式开建，完工后将实现中国石化华北管网与川气东送管网的互联互通；中俄东线管道中段、南段全部建成后，将与东北管网系统、陕京系统、西气东输系统互联互通，加快“全国一张网”的建设。

（3）市场化体制改革。**天然气市场化改革持续推进**。2019 年 3 月，国家发展改革委出台《关于调整天然气跨省管道运输价格的通知》，加强跨省管道、配气管网管输费价格监管；12 月，国家石油天然气管网集团有限公司挂牌成立，“管住中间，放开两头”的油气市场化改革向纵深推进。中国天然气市场运行模式将从产运销一体化，转向中间统一管网、上下游充分竞争的市场体系，加快天然气市场化定价的发展。

（4）能源清洁化转型。**“煤改气”稳步推进**。2019 年，天然气基础设施日益完善，京津冀、汾渭平原、长江三角洲等地居民“煤改气”工程顺利推进。10 月，李克强总理重申“宜电则电、宜气则气、宜煤则煤”，部分地区“煤改气”补贴减少或停止，对“煤改气”的推进造成制约。

（5）行业发展。**分布式综合能源项目快速发展**。2019 年我国多地天然气分布式能源项目获核准。广东省能源发展规划中增列部分气电和天然气分布式能源项目；上海 6 个分布式能源项目获专项补贴；苏州钟楼天然气分布式项目完成试运行，中惠美京酒店天然气分布式能源项目获核准；山东烟台福山天然气分布式能源站项目开建，预计 2021 年竣工；重庆 2 项天然气分布式能源项目获核准。

3.3.4　天然气供需平衡情况

天然气生产与消费缺口进一步扩大。2019 年天然气生产与消费缺口达 1330.8 亿 m^3，同比扩大 129.4 亿 m^3。2011 年以来，天然气消费量快速增长，年均增长率 11.3%；天然气产量年均增长率 6.4%，比消费量年均增长率低 4.7 个百分点。2011—2019 年我国天然气生产/消费情况如图 3-31 所示。

天然气进口增速有所放缓，对外依存度小幅下降。2019 年天然气进口量 9656 万 t（约 1333 亿 m^3），同比增长 6.9%，增速下降 25.1 个百分点；天然气出口量 251 万 t（约 36 亿 m^3），同比增长 0.7%。2019 年，受国内天然气消费增速放缓、产量快速增长的影响，我国天然气对外依存度略有下降，达 43.0%，同比降低 0.2 个百分点。2011—2019 年中国天然气进出口量如图 3-32 所示。

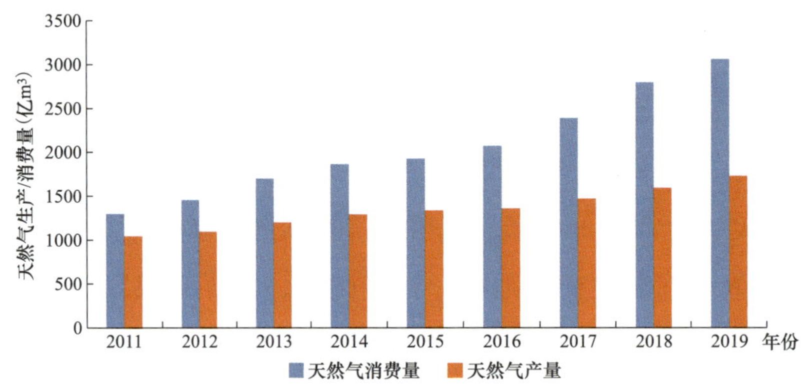

图 3-31　2011—2019 年天然气生产/消费情况

数据来源：国家统计局

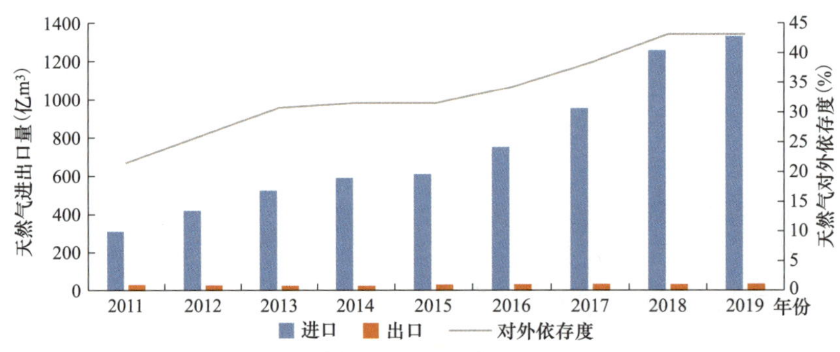

图 3-32　2010—2019 年中国天然气进出口量

数据来源：海关总署

管道气进口量下降，LNG 进口量增速放缓。2019 年，管道天然气进口量为 3595 万 t，同比下降 1.8%，增速回落 22.4 个百分点。LNG 进口量 6061 万 t，同比增长 12.7%，增速回落 28.4 个百分点。2019 年天然气进口量及增速见表 3-11。

表 3 - 11　　2019 年天然气进口量及增速

类　别	进口量（万 t）	同比增长（%）
天然气	9656	6.9
管道气	3595	-1.8
LNG	6061	12.7

数据来源：中国石油集团经济技术研究院《2019 国内外油气行业发展报告》

澳大利亚成为我国天然气进口最大来源国。2019 年，澳大利亚成为我国天然气进口最大来源国，进口量达 2776.6 万 t，占我国天然气进口总量的 28.8%，同比提升 3.6 个百分点；土库曼斯坦位列第二，进口量 2406.4 万 t，占比 24.9%，同比下降 10.9 个百分点；卡塔尔、马来西亚和哈萨克斯坦分别位列三、四、五位，占比分别为 8.6%、7.1%和 5.3%。其他国家进口总量合计占比 25.2%。2019 年我国天然气主要进口来源占比如图 3 - 33 所示。

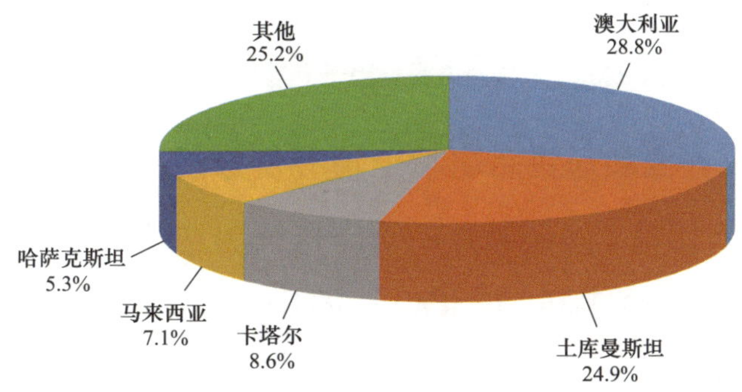

图 3 - 33　2019 年我国天然气主要进口来源占比

数据来源：海关总署

3.4　电力

3.4.1　电力需求

全社会用电量增速放缓。2019 年，我国全社会用电量 7.2 万亿 kWh，同

比增长 4.5%，增速回落 4.0 个百分点。2011—2019 年我国全社会用电量及增速如图 3-34 所示。

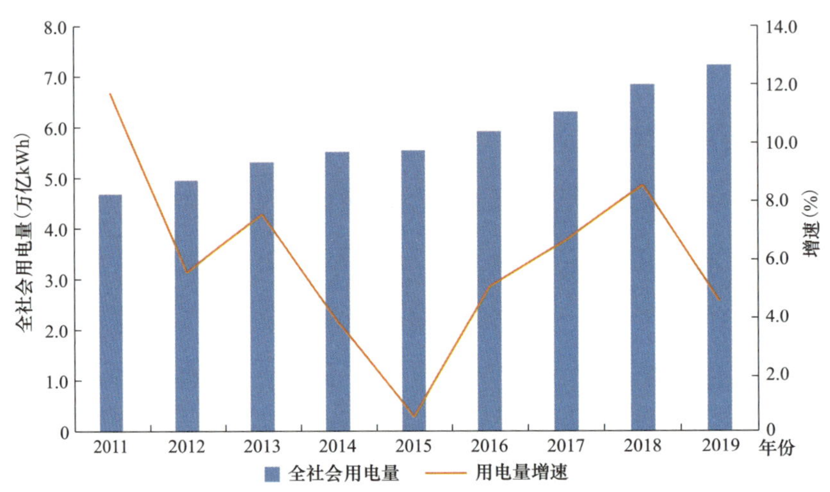

图 3-34 2011—2019 年我国全社会用电量及增速

数据来源：国家统计局

第一、二、三产业和居民用电增速均有所放缓。2019 年，第一产业用电量 780 亿 kWh，同比增长 4.5%，增速下降 4.0 个百分点；第二产业用电量平稳增长，全年用电量 49 362 亿 kWh，同比增长 3.1%，增速下降 4.1 个百分点；第三产业用电量保持较快增长，全年用电量 11 863 亿 kWh，同比增长 9.5%，增速下降 3.2 个百分点；居民生活用电量 10 250 亿 kWh，同比增长 5.7%，增速下降 4.7 个百分点。2011—2019 年分产业用电量增速如图 3-35 所示。

第二产业用电占比持续下降，第三产业用电占比不断提高。2019 年，第二产业用电占比 68.3%，同比下降 0.7 个百分点；第三产业用电量占全社会用电量 16.4%，同比提高 0.6 个百分点；居民生活用电占比 14.2%，同比提高 0.1 个百分点。2018、2019 年三次产业和居民生活用电占比如图 3-36 所示。

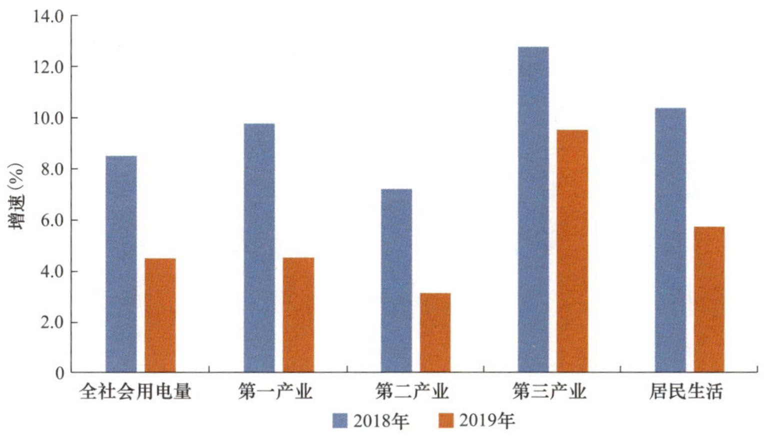

图 3 - 35　2011—2019 年分产业用电量增速

数据来源：国家统计局

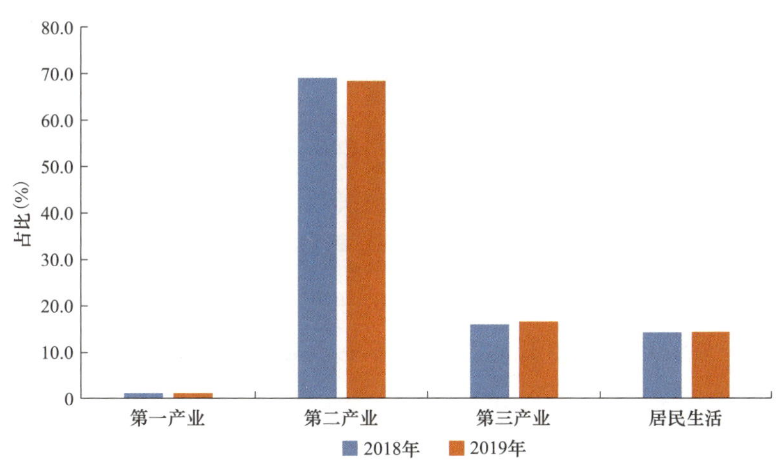

图 3 - 36　2018、2019 年三次产业和居民生活用电比重

数据来源：国家统计局

我国各地区用电增速均有不同程度放缓，西南地区用电增速依旧最高，华东地区用电增速下滑最明显。华东地区用电量 24 997 亿 kWh，同比增长 3.3%，增速下降 5.2 个百分点；西南地区用电量 7226 亿 kWh，同比增长 6.1%，增速下降 4.0 个百分点。2019 年我国各地区用电量见表 3 - 12，2018、2019 年各地区全社会用电量增速如图 3 - 37 所示。

表 3 - 12　　2019 年我国各地区用电量

排名	地区	用电量（亿 kWh）	增速（%）
1	华东地区	24 997	3.3
2	华中地区	9615	3.9
3	华北地区	11 816	5.7
4	华南地区	6785	7.0
5	西北地区	7639	3.6
6	西南地区	7226	6.1
7	东北地区	4177	3.7

数据来源：国家统计局

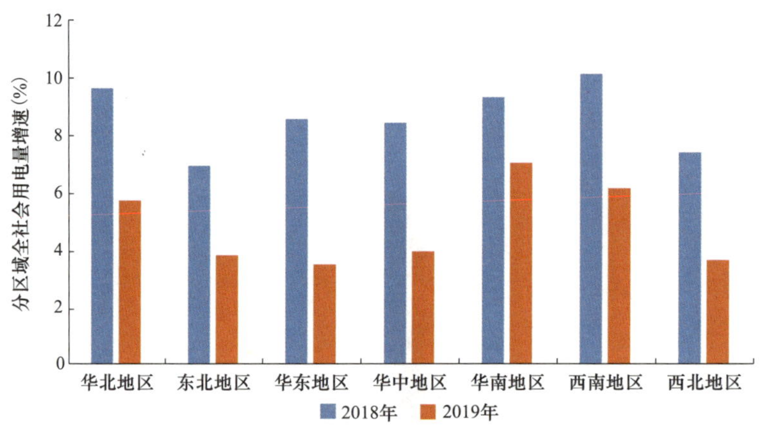

图 3 - 37　2018、2019 年各地区全社会用电量增速

数据来源：国家统计局

3.4.2　电力供给

（1）电力供给总体情况。**全国发电装机容量稳定增长，可再生能源装机占比持续提升**。2019 年底，全国发电装机容量 20.1 亿 kW，同比增长 5.8%。其中火电装机容量 11.9 亿 kW，同比增长 4.1%，占装机总量的 59.2%，占比下降 1.0 个百分点；核电装机容量 4874 万 kW，同比增长 9.1%，占装机总量 2.4%；水电、风电、太阳能发电等可再生能源发电装机容量 7.7 亿 kW，同比增长 8.4%，占装机总量 38.3%，占比提升 1.0 个百分点。2019 年底我国发电装机结构如图 3 - 38所示，2011—2019 年我国可再生能源装机总量及增速如图3 - 39所示。

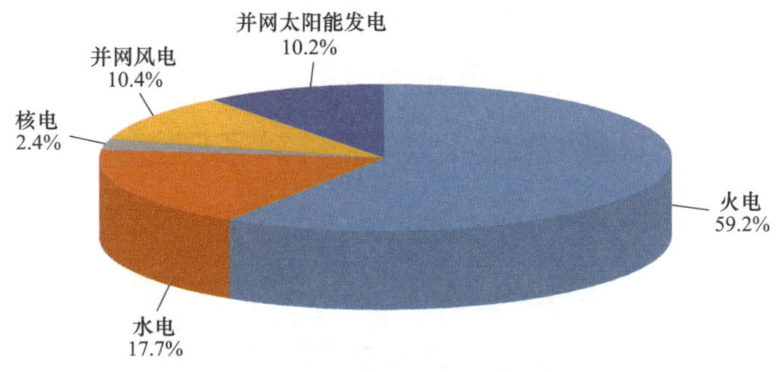

图 3-38　2019 年底我国发电装机容量结构

数据来源：国家统计局、国家能源局

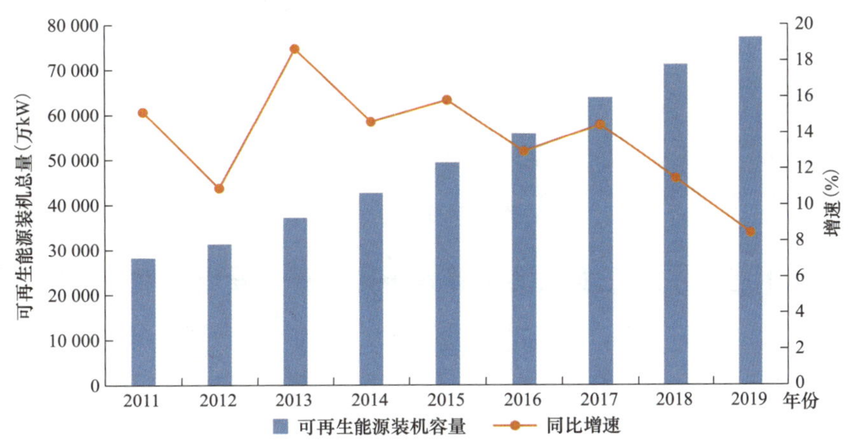

图 3-39　2011—2019 年全国可再生能源装机总量及增速

数据来源：国家统计局

新增发电装机容量负增长。2019 年新增发电装机容量 11 022 万 kW，同比下降 5.6%。其中火电新增装机容量 4689 万 kW，同比增长 40.8%，占新增发电装机总量 42.3%，同比提升 14.0 个百分点；核电新增装机容量 406.5 万 kW，同比下降 54.1%，占比 3.7%，同比下降 3.9 个百分点；可再生能源新增装机容量 5927 万 kW，同比下降 20.5%，占比 54.0%，同比下降 8.2 个百分点。

发电量保持平稳增长，可再生能源发电占比持续提升。2019 年，全国发电量 75 034 亿 kWh，同比增长 4.7%，增速下降 3.0 个百分点。分类型看，火电发电量 52 202 亿 kWh，同比增长 2.4%，占全国发电量 69.6%，同比下降 1.5

个百分点；核电发电量 3484 亿 kWh，同比增长 18.3%，占比 4.6%，同比提高 0.5 个百分点；可再生能源总发电量 19 341 万亿 kWh，同比增长 9.0%。2019 年我国发电量（全口径）及占比如图 3-40 所示。

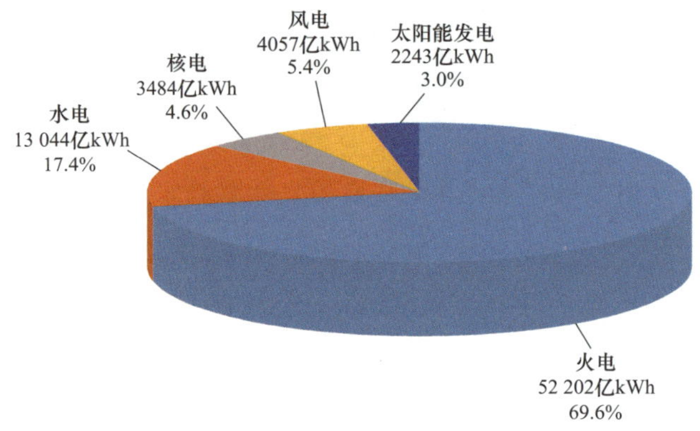

图 3-40　2019 年我国发电量（全口径）及占比

数据来源：中国电力企业联合会

（2）可再生能源供给。**水电装机容量小幅上升，发电量增速加快**。2019 年水电新增装机容量 388 万 kW，累计装机容量 3.6 亿 kW，同比增长 1.1%，增速回落 1.4 个百分点；发电量 1.3 万亿 kWh，同比增长 5.9%，增速提升 2.9 个百分点。2011—2019 年水电装机容量及增速如图 3-41 所示，发电量及增速如图 3-42 所示。

图 3-41　2011—2019 年水电装机容量及增速

数据来源：国家统计局、国家能源局

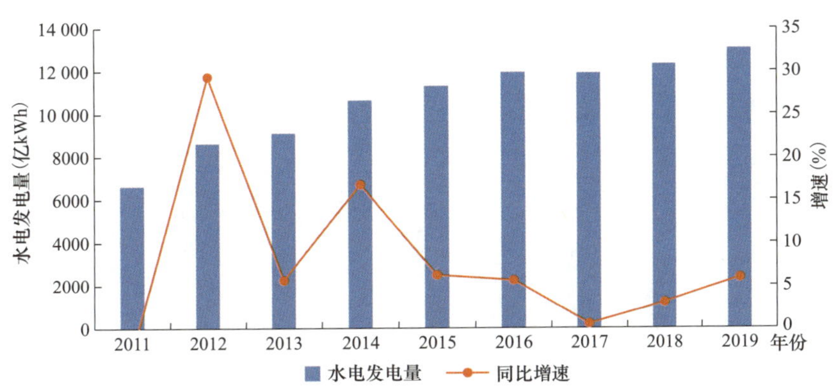

图 3-42　2011—2019 年水电发电量及增速

数据来源：国家统计局、国家能源局

风电装机容量和发电量均保持较快增速。2019 年，风电新增并网装机容量 2580 万 kW，累计并网装机容量 2.1 亿 kW，同比增长 14.0%，增速回落 1.6 个百分点。2019 年风电发电量 4057 亿 kWh，同比增长 10.8%，增速回落 13.3 个百分点。2011—2019 年风电装机容量和发电量变化分别如图 3-43、图 3-44 所示。

图 3-43　2011—2019 年风电装机容量及增速

数据来源：国家统计局、国家能源局

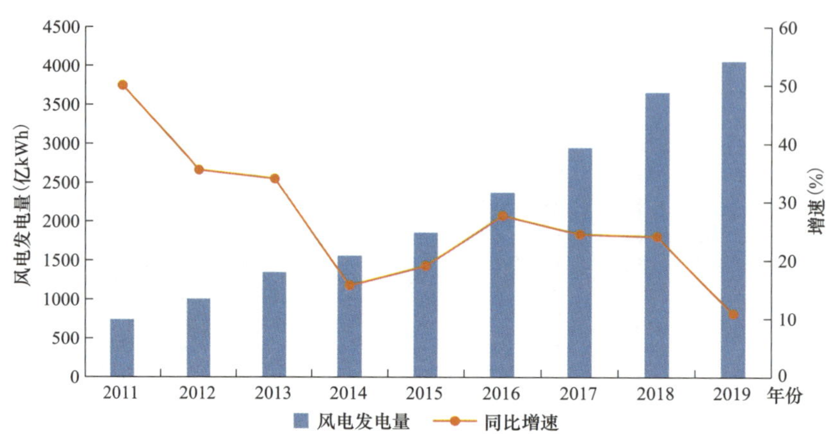

图3-44　2011—2019年风电发电量及增速

数据来源：国家统计局、国家能源局

华北地区新增风电装机容量居全国首位。2019年华北地区新增风电装机容量最大，达602万kW，同比下降0.2%；其次是华东地区新增风电装机容量571万kW，同比增长29.2%；西北地区新增风电装机容量477万kW，位列第三，同比增长44.1%；华中地区新增风电装机容量470万kW，居第四位，同比增长32.8%。华南、西南和东北地区新增装机较少，合计459万kW，同比增长37.1%。2015—2019年我国新增风电装机分区域占比如图3-45所示。

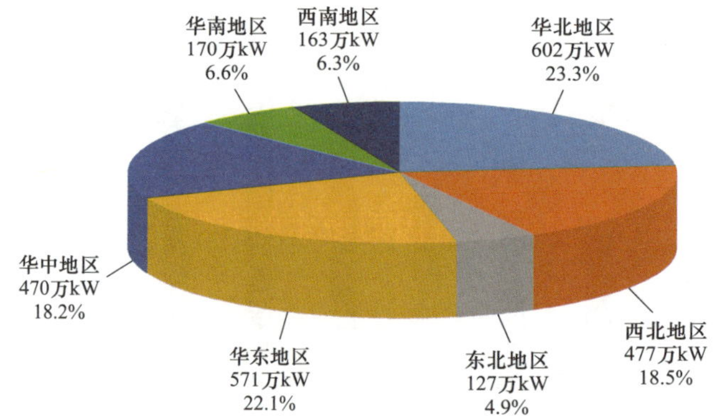

图3-45　2019年我国新增风电装机分区域占比

数据来源：国家统计局、国家能源局

风电弃风限电状况持续好转，达到《清洁能源消纳行动计划（2018—2020年）》目标。2019 年我国弃风限电状况持续好转，弃风电量 168.6 亿 kWh，全国弃风率 4.0%，同比下降 3 个百分点，达到《清洁能源消纳行动计划（2018—2020 年）》中弃风率控制在 5%左右目标。弃风率超过 5%的地区是新疆（弃风率 14.0%，同比下降 9 个百分点），甘肃（弃风率 7.6%，同比下降 11.4 个百分点），内蒙古（弃风率 7.1%，同比下降 2.9 个百分点）。三省（区）弃风电量合计 136 亿 kWh，占全国弃风电量的 81%。2015—2019 年全国弃风电量和弃风率如图 3-46 所示。

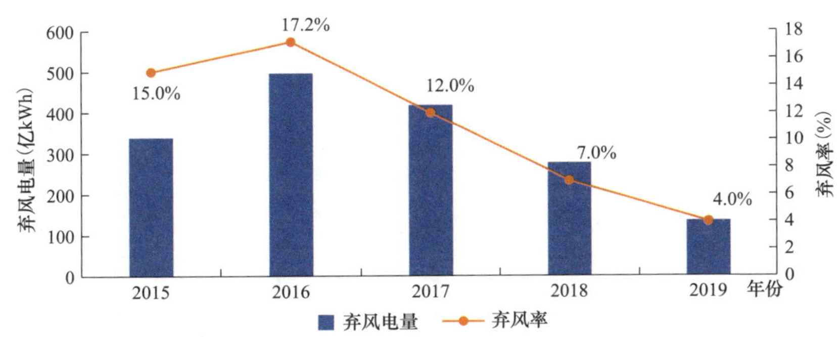

图 3-46 2015—2019 年全国弃风电量和弃风率

数据来源：国家统计局、国家发展改革委

太阳能发电装机容量和发电量增速放缓。2019 年，太阳能发电新增装机容量 3011 万 kW，累计装机总量达 2.1 亿 kW，同比增长 17.4%，增速回落 16.5 个百分点。并网太阳能发电量 2243 亿 kWh，同比增长 26.3%，增速回落 51.2 个百分点。2011—2019 年太阳能发电装机容量及增速如图 3-47 所示，发电量及增速如图 3-48 所示。

除西南地区外，其他区域新增太阳能发电装机速度不同程度放缓。2019 年华东地区新增太阳能发电装机容量最多，达 882 万 kW，同比下降 39.6%；其次是华北地区新增装机容量 643 万 kW，同比下降 27.5%；西北地区新增装机容量 637 万 kW，位列第三，同比下降 0.9%。西南地区新增装机容量 414 万 kW，

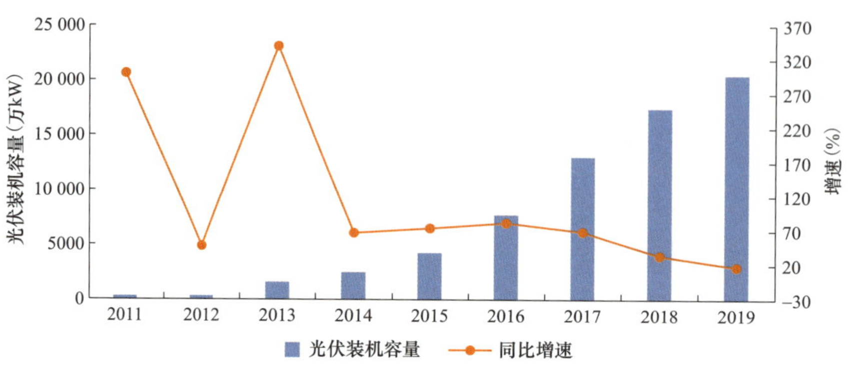

图 3 - 47 2011—2019 年太阳能发电装机容量及增速

数据来源：国家统计局、国家能源局

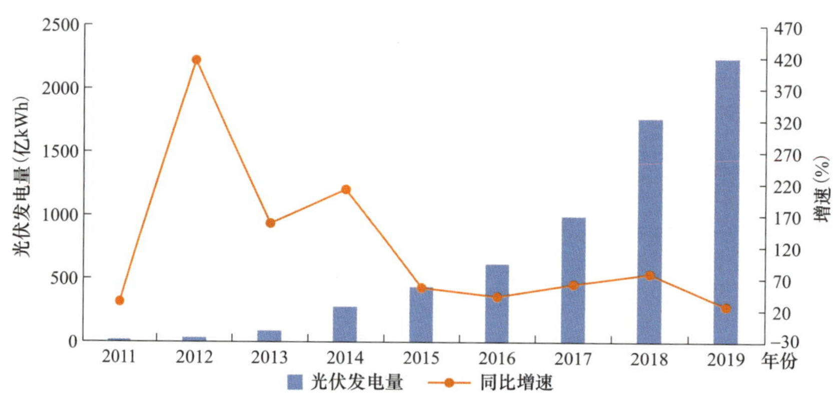

图 3 - 48 2011—2019 年太阳能发电量及增速

数据来源：国家统计局、国家能源局

同比增长 69.7%，为全国唯一正增长地区。2019 年我国太阳能发电新增装机分区域占比如图 3 - 49 所示。

太阳能发电弃光电量和弃光率实现“双降”。2019 年全国弃光电量 46 亿 kWh，弃光率降至 2.0%，同比下降 1.0 个百分点。从重点区域看，西北地区弃光电量占全国的 87%，弃光率 5.9%，同比下降 2.3 个百分点。华北、东北、华南地区弃光率分别为 0.8%、0.4%、0.2%，华东、华中无弃光。从重点省份看，西藏、新疆、甘肃弃光率分别为 24.1%、7.4%、4.0%，同比分别下降 19.5、8.2 个和 5.6 个百分点；青海受新能源装机大幅增加、负荷下降等因素

影响，弃光率为 7.2%，同比提高 2.5 个百分点。2015—2019 年弃光电量及弃光率如图 3-50 所示。

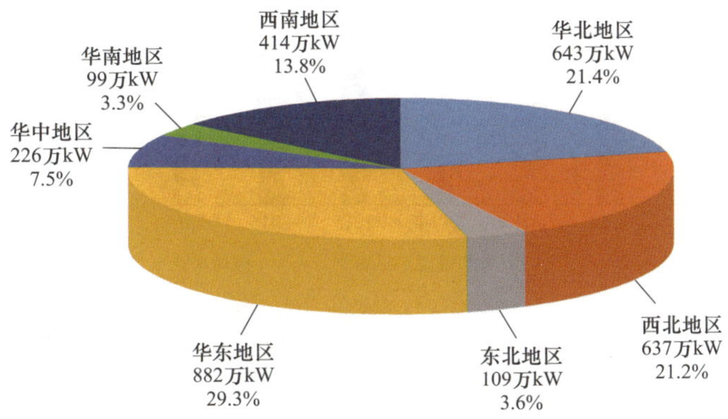

图 3-49　2019 年我国太阳能发电新增装机区域占比

数据来源：国家统计局、国家能源局

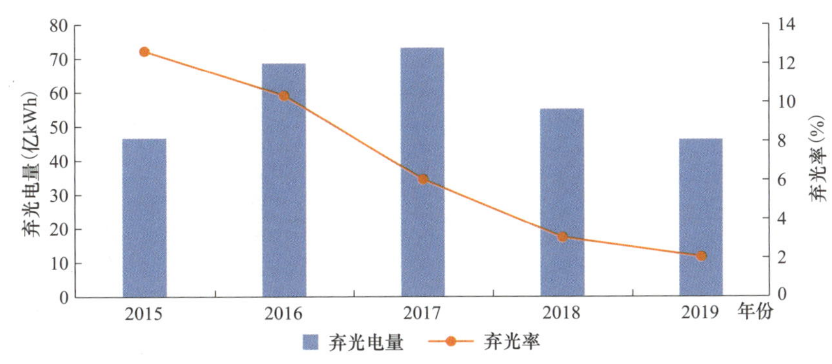

图 3-50　2015—2019 年弃光电量及弃光率

数据来源：国家统计局、国家能源局

生物质发电持续增长。2019 年生物质发电新增装机容量 473 万 kW，累计装机容量 2254 万 kW，同比增长 26.6%，增速提升 5.9 个百分点；发电量 1111 亿 kWh，同比增长 20.4%，增速提升 5.4 个百分点。累计装机容量排名前两位的是山东 324 万 kW、广东 239 万 kW，新增装机容量分别为 66.5 万 kW、95.4 万 kW，年发电量 140.8 亿、120.2 亿 kWh。2011—2019 年全国生物质发电装机容量及增速如图 3-51 所示，发电量及增速如图 3-52 所示。

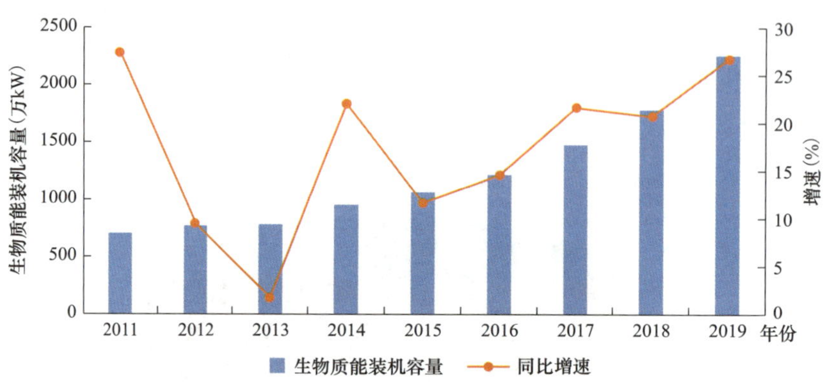

图 3-51　2011—2019 年生物质发电装机及增速

数据来源：国家统计局、国家能源局

图 3-52　2011—2019 年生物质发电量及增速

数据来源：国家统计局、国家能源局

3.4.3　电力供需影响因素

（1）可再生能源发展。**我国水电开发速度持续放缓**。2015—2019 年，全球平均单位水电投资成本为 1704 美元/kW，同期我国单位水电投资成本最低为 1264 美元/kW，经济性居于全球领先水平。但随着水电开发的继续深入和开发规模的扩大，水电开发的经济性逐渐下降，面临的敏感因素不断增多，生态环境保护的压力也不断加大，移民安置难度也持续提高，近年来我国水电新增装

机增速持续放缓。全球单位水电投资成本如图 3-53 所示。

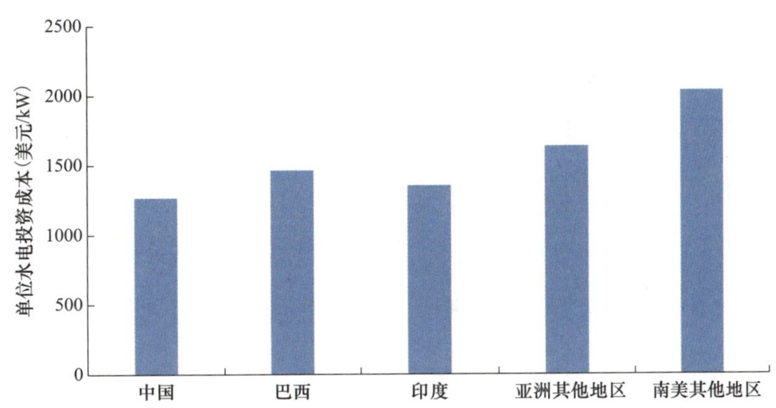

图 3-53　全球单位水电投资成本

数据来源：EMBER《全球电力行业回顾》

风电光伏成本持续下降。根据国际可再生能源署的数据，2010—2019 年，全球陆上风电平均安装成本以年均 5%的降幅由 1949 美元/kW 下降至 1473 美元/kW。得益于设备生产成本的不断下降和供应链的日趋完善，我国风力发电机的安装成本价格快速下降，由 2002 年的 2480 美元/kW 降至 2019 年的 530 美元/kW，我国也成为全球陆上风电投资成本最低的国家之一，2019 年平均单位 kW 风电投资成本下降至 1223 美元。光伏方面，2019 年我国光伏安装成本为 794 美元/kW，全球范围内仅高于印度的 618 美元/kW。光伏加权平均化度电成本仅为 0.067 美元/kWh。

风电、光伏等可再生能源逐步趋向平价上网。近年国家出台一系列政策文件要求风电、光伏等可再生能源补贴逐步退坡，2014 年国务院办公厅引发《能源发展战略行动计划（2014—2020）》要求可再生能源上网电价补贴逐步退坡，于 2020 年实现平价上网；2018 年《财政部　国家发展改革委　国家能源局关于公布可再生能源电价附加资金补助目录（第七批）的通知》（财建〔2018〕250 号）要求已纳入和尚未纳入国家可再生能源电价附加资金补助目录的可再生能源接网工程项目，不再通过可再生能源电价附加补助资金给予补贴；2019

年《国家发展改革委国家能源局关于积极推进风电、光伏发电无补贴平价上网有关工作的通知》（发改能源〔2019〕19号）要求，开展风电、光伏发电平价上网试点项目建设，并已公布第一批平价上网项目。

（2）政治经济形势。**经济结构持续优化，对电力需求拉动作用减弱**。2019年我国GDP保持中高速增长，同比增长6.1%。第三产业占比提升至53.9%，第二产业占比降至39.0%，经济结构持续优化，单位GDP电耗持续降低。产业结构优化导致电力需求增速下滑，经济发展对电力需求的拉动作用有所减弱。

中美贸易摩擦影响电力需求增长。受中美贸易摩擦影响，2019年我国对美进出口总额同比下降10.7%，增速回落16.4个百分点。对美出口企业承压，用电需求增速整体下滑。

（3）电能替代。**电能替代持续推进，电能占终端能源消费比重进一步提升**。2016年，国家发展改革委、国家能源局联合八部委出台《关于推进电能替代的指导意见》（简称《意见》），明确到2020年电能占终端能源消费的比重达到27%。《意见》出台后，电能替代快速发展，2017、2018年全国电能替代量分别达1286亿、1577亿kWh，占当年全社会用电量2.0%和2.3%；电能占终端能源消费比重从2015年的22.9%提高到2018年25.5%。2019年前三季度完成电能替代2066亿kWh，同比增长31.0%。2017—2019年已超额完成“十三五”完成电能替代4500亿kWh的目标。

3.4.4 电力供需平衡情况

我国电力供需整体宽松。2019年我国发电量7.5万亿kWh，全社会用电量7.2万亿kWh，电力供需形势整体宽松。2011－2019年全国发/用电量如图3-54所示。

发电设备利用小时数略有下降。全国6000kW及以上电厂发电设备平均利用小时数3825h，同比减少54h。其中，火电设备平均利用小时数4293h，同比

减少 85h；水电 3726h，同比增加 119h；核电 7346h，同比减少 153h；风电 2082h，同比减少 13h；太阳能发电 1169h，同比增加 54h。2011—2019 年我国 6000kW 以上电厂发电设备及火电设备平均利用小时数如图 3-55 所示。

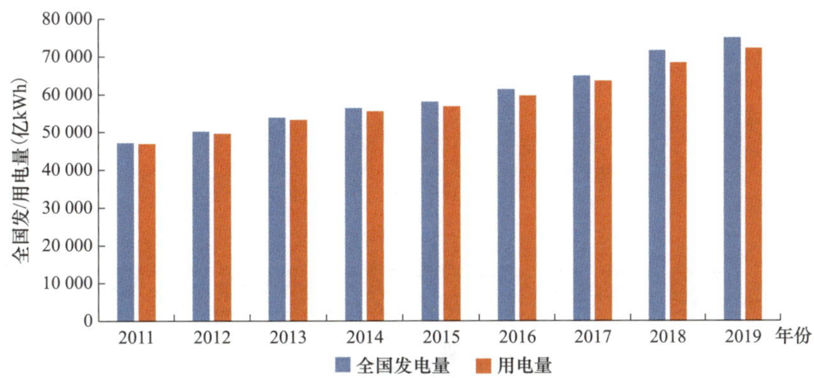

图 3-54　2011—2019 年全国发/用电量

数据来源：国家统计局

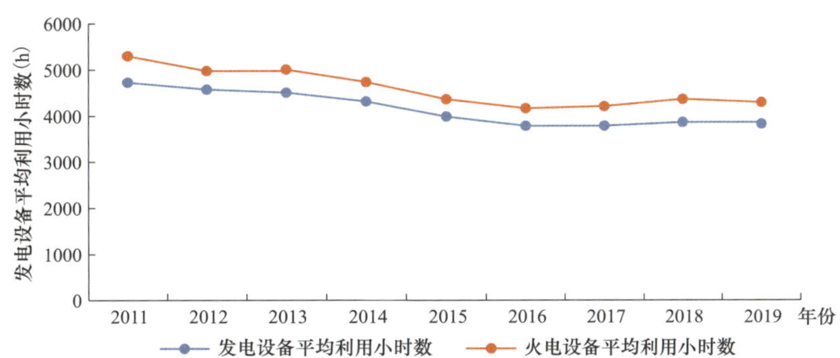

图 3-55　我国 6000kW 以上电厂发电设备及火电设备平均利用小时数

数据来源：WIND

第 4 章

南方五省区宏观经济形势及能源总体情况

4.1　宏观经济形势

南方五省区（广东、广西、云南、贵州、海南，下同）经济运行总体平稳。2019年，南方五省区GDP总量17.4万亿元，同比增长6.6%。广东、广西、云南、贵州、海南GDP同比分别增长6.2%、6.0%、8.1%、8.3%、5.8%。其中，海南增速与上年持平，广东、广西、云南、贵州四省区增速同比分别下降0.6、0.8、0.8和0.8个百分点，广东、云南、贵州增速高于全国增速。2011—2019年，南方五省区GDP年均增长率8.1%，占全国比重由16.8%提升至17.6%。

从需求侧看，南方五省区消费增速均有所回落，广东、广西、云南投资保持较快速增长，广东、贵州进出口总额负增长。**消费方面，**广东、广西、云南、贵州、海南社会消费品零售总额同比分别增长8.0%、7.0%、10.4%、5.1%、5.3%，增速同比分别下降0.8、2.3、0.7、3.1、1.5个百分点。**投资方面，**广东、广西、云南、贵州投资同比分别增长11.1%、9.5%、8.5%、1.0%，海南同比下降9.2%。其中，广东、海南增速同比分别提高0.4和3.3个百分点，广西、云南、贵州增速同比分别下降1.3、3.1、14.8个百分点。**进出口方面，**广东、广西、云南、贵州、海南进出口总额同比分别增长-0.2%、14.4%、17.9%、-9.5%、6.8%，其中，广西增速同比提高9.4个百分点，广东、云南、贵州、海南增速同比分别回落5.3、6.8、0.4、14.0个百分点。南方五省区GDP、固定资产投资、进出口及消费情况如图4-1～图4-4所示。

从供给侧看，云南、贵州工业生产实现较快增长。广东、广西、云南、贵州、海南规模以上工业增加值同比分别增长4.7%、4.5%、8.1%、9.6%、4.2%，其中，贵州增速同比提高0.6个百分点，广东、广西、云南、海南增速同比分别回落 1.6、0.2、3.7、1.8 个百分点。云南、贵州规模以上工业增加值增速高于全国水平（5.7%）。

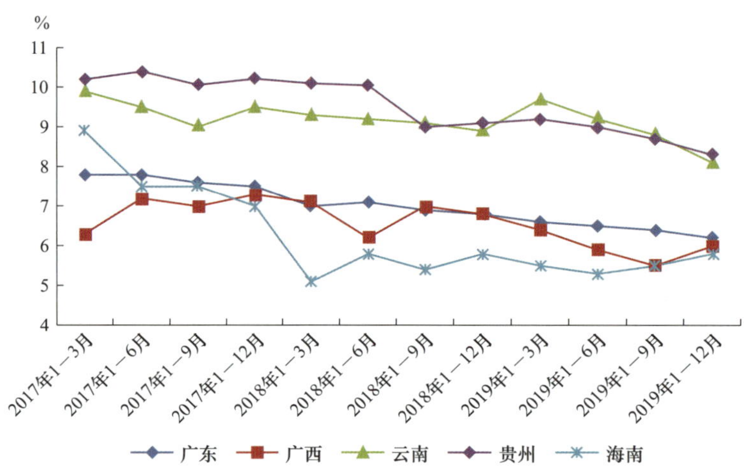

图 4－1　南方五省区 GDP 增速

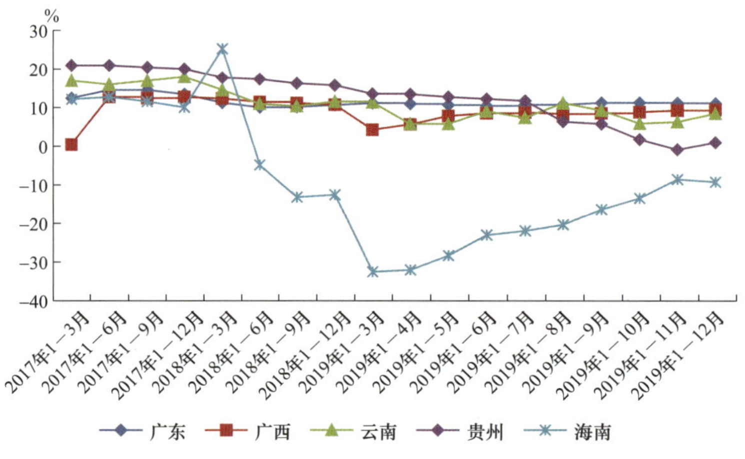

图 4－2　南方五省区固定资产投资增速

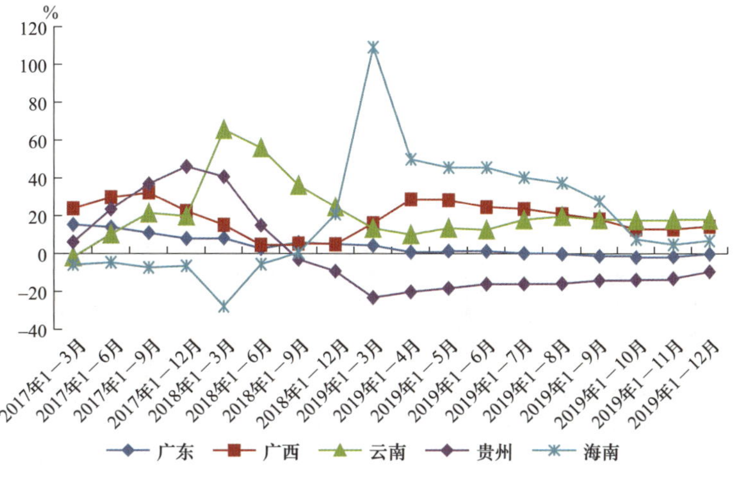

图 4-3　南方五省区进出口增速

数据来源：各省统计局

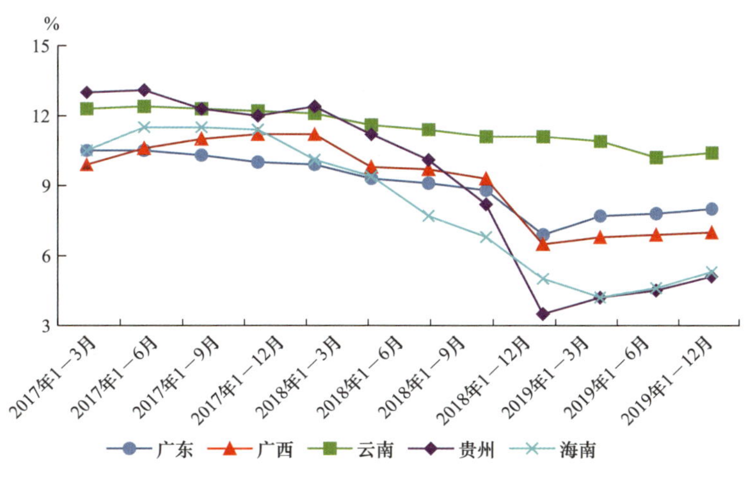

图 4-4　南方五省区消费增速

数据来源：各省统计局

4.2　能源发展现状

南方五省区能源消费总量稳步提升。2019 年，南方五省区能源消费总量 7.2 亿 t 标准煤，同比增长 4.1%，增速下降 0.4 个百分点，高于全国能源消费增速0.8个百分点。2011—2019年，能源消费年平均增长率2.8%，占全国比重维持在14.8%。南方五省区能源消费总量如图4-5所示。

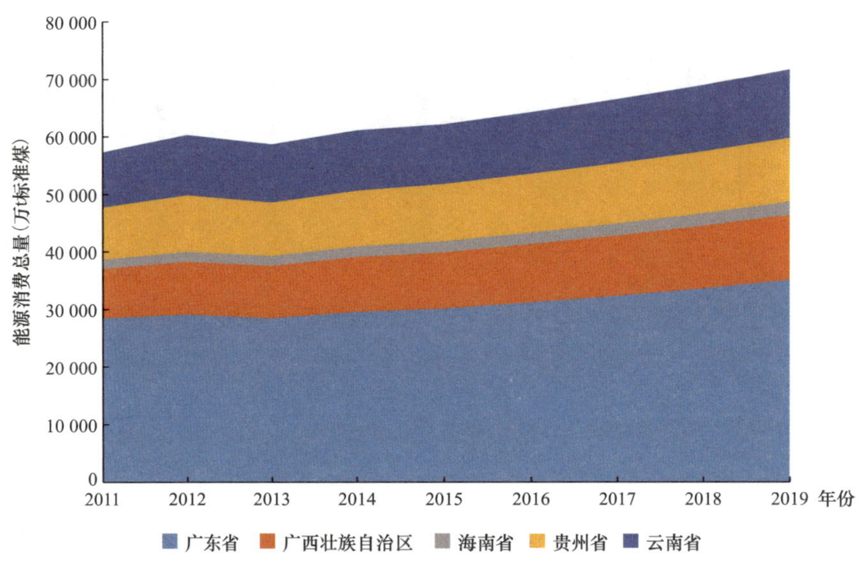

图4-5 南方五省区能源消费总量

数据来源：各省统计局、国家发展改革委

广东省能源消费总量居南方五省区之首。2019年广东、广西、云南、贵州、海南能源消费总量分别为3.5亿、1.1亿、1.2亿、1.1亿、0.2亿t标准煤，其中广东排名全国第二位，高于浙江、江苏等耗能大省，仅次于山东，云南、广西、贵州分列全国第19～21位，海南排名末尾。2016—2019年南方五省区能源消费总量及增速见表4-1。

表4-1　　　　2016—2019年能源消费总量及增速

地区	能源消费总量与增速							
	2016 万t标准煤	增速 (%)	2017 万t标准煤	增速 (%)	2018 万t标准煤	增速 (%)	2019 万t标准煤	增速 (%)
广东	31 241	3.6	32 342	3.5	33 632	4.0	35 112	4.4
广西	10 092	3.4	10 458	3.6	10 856	3.8	11 301	4.1
云南	10 656	2.9	11 091	4.1	11 484	3.5	11 932	3.9

续表

地区	能源消费总量与增速							
	2016 万 t 标准煤	增速 (%)	2017 万 t 标准煤	增速 (%)	2018 万 t 标准煤	增速 (%)	2019 万 t 标准煤	增速 (%)
贵州	10 227	2.8	10 482	2.5	10 730	2.4	11 030	2.8
海南	2006	3.5	2103	4.8	2209	5.0	2333	5.6
全国	435 819	1.4	448 529	2.9	464 000	3.4	486 000	3.3

数据来源：各省统计局、国家发展改革委

随着产业结构优化调整和节能降耗力度加大，能源利用效率持续提升。2019 年，南方五省区单位产值能耗 0.50t 标准煤/万元，明显低于全国 0.62t 标准煤/万元的平均水平。其中，广东 2019 年单位产值能耗 0.37t 标准煤/万元，低于浙江、江苏和山东等能耗大省，居全国第二（北京第一）。“十三五”前四年南方五省区单位产值能耗累计下降 9.4%。全国及粤鲁苏浙单位产值能耗变化如图 4-6 所示。

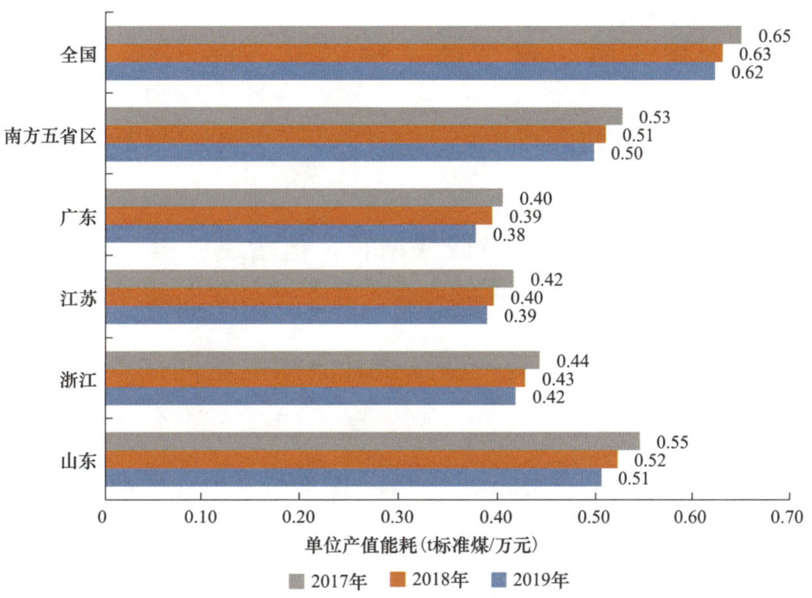

图 4-6　全国及粤鲁苏浙单位产值能耗变化（2010 年可比价）

数据来源：南网能源院根据国家统计局数据折算

能源结构持续清洁化，非化石能源消费占比远高于全国平均水平。2019年南方五省区煤炭消费量4.5亿t，同比下降0.6%，天然气消费量311.5亿m^3，同比增长7.2%。非化石能源消费占比持续提高，经测算，2019年南方五省区非化石能源消费占比约29%，远高于15.2%的全国平均水平。

南方五省区本地产能有限，一次能源供给主要依赖外省调入或海外进口。分品类看，煤炭方面，仅贵州可自给自足，其余省份不同程度依靠省外及国外供应，主要来源国包括印度尼西亚、澳大利亚等，南方五省区2019年进口煤炭共计0.5亿t，同比增长11.5%。石油方面，南方五省区内石油供应主要来自南海油田，供应量稳定在1400万～1500万t左右，其余则依靠进口。天然气方面，主要供应渠道包括周边海上天然气、进口LNG及长输管道天然气，本地生产主要在广东，广东天然气产量从2016年的79.3亿m^3增加至2019年的112.1亿m^3，年均增长率为12.2%。

4.3 电力供需现状

4.3.1 南方五省区电力需求

南方五省区全社会用电量保持较快增长，但增速放缓。2019年南方五省区全社会用电量12 432亿kWh，同比增长6.9%，增速回落1.4个百分点，高于全国水平2.4个百分点。分省看，广东全社会用电量同比增长5.9%，增速回落0.2个百分点；广西同比增长12.0%，增速回落5.9个百分点；云南同比增长7.9%，增速回落1.3个百分点；贵州同比增长4.0%，增速回落3.1个百分点；海南同比增长8.5%，增速回落1.3个百分点。2018～2019年南方五省区三次产业和居民生活用电比重如图4-7所示，用电量增速如图4-8所示。

第二产业用电量增速下滑明显。第二产业用电量同比增长4.9%，增速回落3.0个百分点，高于全国水平1.8个百分点，拉动全社会用电量增长3.0个

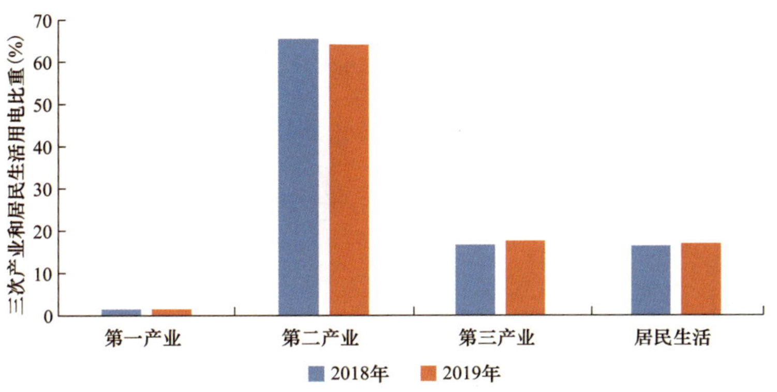

图 4-7　2018—2019 年南方五省区三次产业和居民生活用电比重

数据来源：南方电网

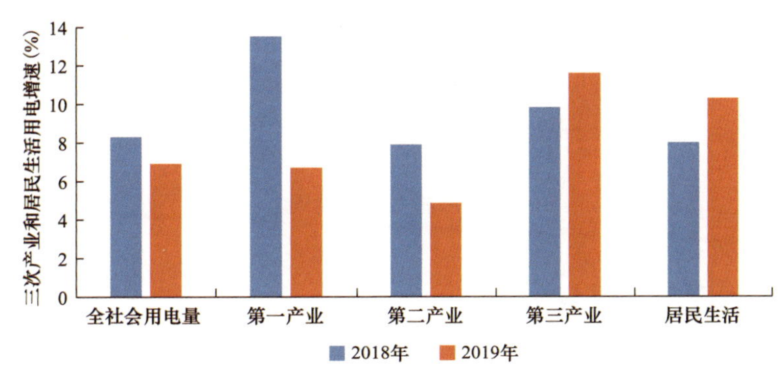

图 4-8　2018—2019 年南方五省区三次产业和居民生活用电量增速

数据来源：南方电网

百分点。其中制造业用电量同比增长 5.0%，增速回落 3.7 个百分点。

第三产业用电量保持较快增长。第三产业用电量同比增长 11.6%，增速提升 1.8 个百分点，高于全国水平 2.1 个百分点，拉动全社会用电量增长 2.1 个百分点。其中公共服务及管理组织行业、批发和零售业、交通运输/仓储和邮政业、租赁和商务服务业用电量同比分别增长 9.5%、13.5%、12.9%、15.5%。

居民生活用电量保持高速增长态势。城乡居民生活用电量同比增长 10.3%，增速提升 2.3 个百分点，拉动全社会用电量增长 1.7 个百分点。

水电资源优势支撑滇、桂、黔地区有色金属行业高速发展。2019 年，滇、桂、黔有色金属行业延续 2018 年高速发展的态势，对三省（区）全社会用电量增长的贡献率 41.2%。其中，广西有色金属行业用电量同比增长 28.7%，云南有色金属行业用电量同比增长 11.5%，贵州有色金属行业用电量同比增长 15.5%。2018～2019 年滇桂黔有色金属行业用电量增速如图 4－9 所示。

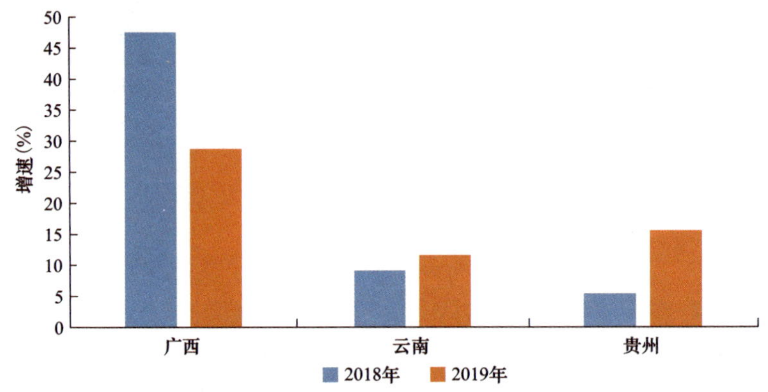

图 4－9　2018—2019 年滇桂黔有色金属行业用电量增速

数据来源：南方电网

4.3.2　南方五省区电力供应

2019 年底，全网 6000kW 及以上电厂发电装机容量 3.2 亿 kW，同比增长 6.0%，增速回落 0.2 个百分点；2019 年，全网发电量 11 741 亿 kWh，同比增长 7.6%，增速回落 1.6 个百分点。电力供应主要特点有：

清洁能源装机占比持续提升。全网 6000kW 及以上电厂中，水电、风电、核电等清洁能源装机同比分别增长 1.4%、16.9%、13.4%，合计同比增长 5.0%，较火电装机增速（4.4%）快 0.6 个百分点，清洁能源装机占比持续提升。2019 年末南方五省区 6000kW 及以上总装机结构和新增装机如图 4－10 所示。

广东新增装机最多。分区域看，2019 年广东新增装机最多，为 971 万 kW，占全部新增装机容量的 54.3%；贵州新增装机 560 万 kW，占比 31.4%；云南新增装机 130 万 kW，占比 7.3%；广西新增装机 126 万 kW，占比 7.1%；海

南无新增装机。2019 年新增装机区域分布如图 4-11 所示。

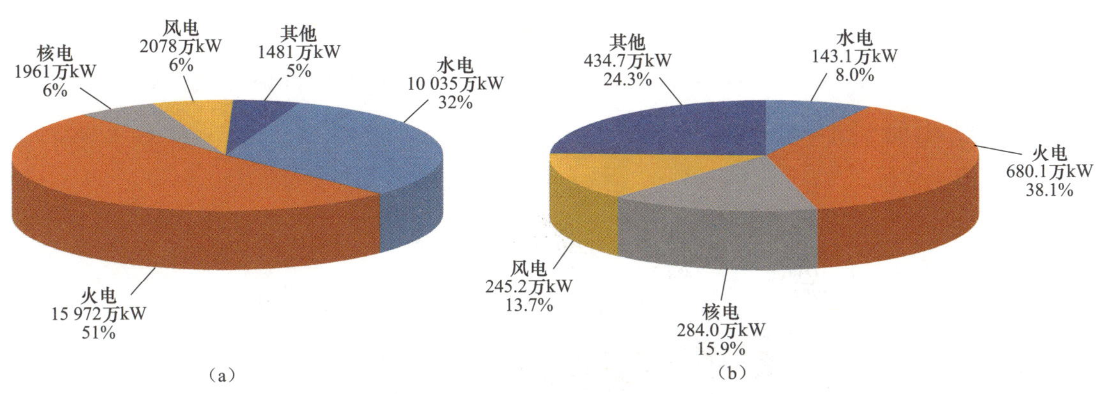

图 4-10　2019 年末南方五省区 6000kW 及以上总装机结构和新增装机

(a) 总装机结构；(b) 新增装机

数据来源：南方电网

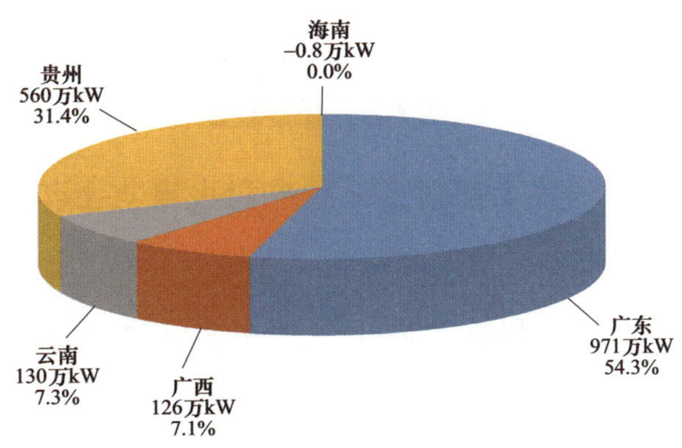

图 4-11　2019 年新增装机区域分布

数据来源：南方电网

各省区因地制宜推进电源建设。2019 年新增水电装机主要在云南，占南方五省区新增水电装机的 68.6%；广东新增核电 284 万 kW，占南方五省区新增核电装机的 77.3%；新增风电装机中，广东 95.0 万 kW、广西 79.4 万 kW、贵州 70.1 万 kW，合计占新增风电装机的 99.7%；新增火电装机中，广东 526.0 万 kW、贵州 147.3 万 kW，合计占新增火电装机的 99.0%。

大幅提升清洁能源发电量快速增长。清洁能源发电量合计同比增长7.5%，较火电发电量增速（4.0%）快3.5个百分点。其中水电同比增长7.0%，核电同比增长23.8%，风电同比增长13.8%。2019年南方五省区发电量（6000kW及以上）结构如图4-12所示。

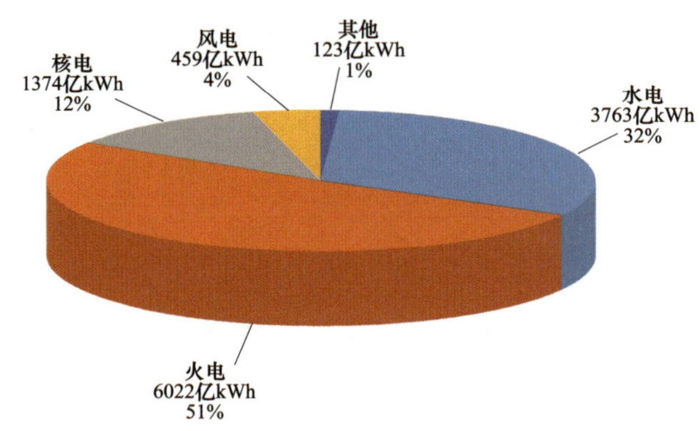

图4-12　2019年南方五省区发电量（6000kW及以上）结构

数据来源：南方电网

水电和核电利用小时数大幅提升，风电和火电与上年基本持平。6000kW及以上电厂发电设备利用小时数3812h，同比提高62h，低于全国水平13h。其中，水电3768h，同比提高111h，高于全国水平42h；核电7623h，同比提高309h，高于全国水平229h；风电2284h，同比提高8h，高于全国水平202h；火电3800h，与上年持平，低于全国水平493h。

4.3.3　南方五省区电力供需平衡形势

电力电量总体平衡，但区域性、时段性电力供需矛盾仍较为突出。电力供应偏紧时段主要集中在枯汛交替期间以及岁末年初局部时段，清洁能源消纳情况得到明显改善，广西实现“零弃水”“零弃核”，云南弃水电量仅17亿kWh，同比减少158亿kWh。

第5章

能源展望

5.1 新冠肺炎疫情对宏观经济和能源电力行业影响

2019年12月，新型冠状肺炎疫情在湖北省武汉市暴发，并迅速蔓延至全国；3月起，疫情在全球多点暴发并快速蔓延，多个国家疫情发展不容乐观，世界公共卫生安全面临严峻挑战，也给全球经济社会带来较大冲击。国外疫情暴发后，世界主要经济体关闭贸易边境，国际油价暴跌，全球金融市场动荡加剧，我国经济增长面临更多外部风险，也为能源电力行业发展带来较大挑战。

5.1.1 全球疫情发展现状和趋势研判

我国疫情已基本得到控制。疫情发生后我国采取了强有力的防控措施，全国31个省份纷纷采取严厉措施进行防控，并取得积极成效。2020年3月7日起，我国每日新增确诊人数降至两位数。受全球疫情暴发的影响，3月下旬境外输入病例有所增加，但迅速得到有效控制。目前我国已进入常态化疫情防控阶段。

全球新冠肺炎疫情呈现加速传播趋势。截至2020年6月30日，全球累计确诊新冠肺炎病例近1058万例，6月30日当日新增确诊超16万例，仍保持上升趋势。我国每日新增确诊人数和全球每日新增确诊人数分别如图5-1和图5-2所示。

综合来看，全球范围内新冠肺炎疫情持续蔓延，截至6月30日依然保持每日高新增确诊人数，短期内无法达到新增确诊拐点。在疫苗及特效药研发成功的条件下，全球疫情有望在一年内得到控制；若疫苗短期无法研制成功，预计将于近两年达成群体免疫；若病毒持续变异，新冠病毒将持续多年或长期存在，成为季节性疾病。

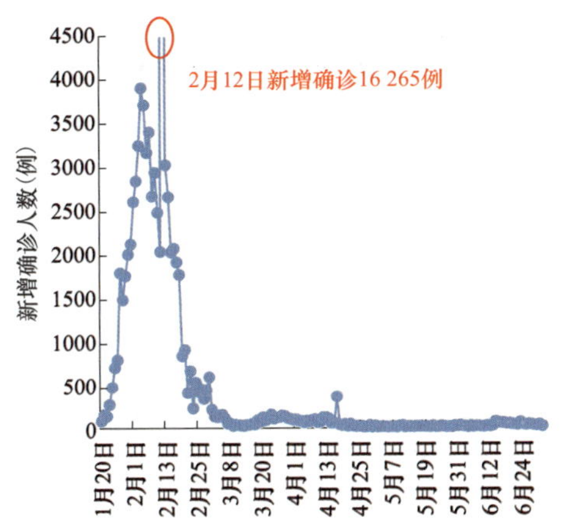

图 5-1　我国每日新增确诊人数

注：数据来源于国家、省市卫健委数据，以及世界卫生组织、各国官方通报

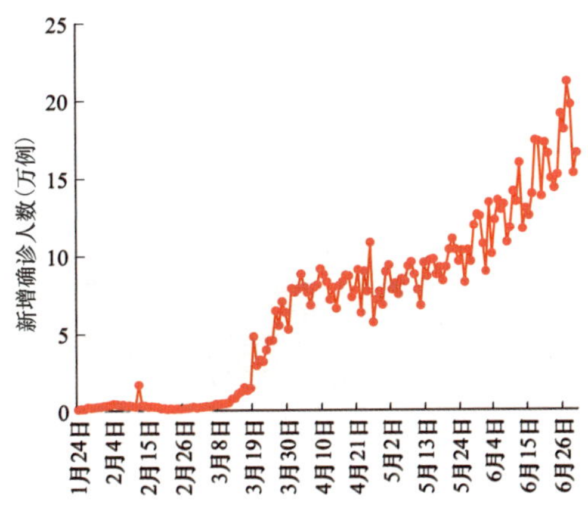

图 5-2　全球每日新增确诊人数

注：数据来源于国家、省市卫健委数据，以及世界卫生组织、各国官方通报

5.1.2　全球疫情对经济的影响

（1）全球疫情对世界经济的影响。**2—4 月全球经济景气指标恶化，5 月以来呈复苏态势**。2 月以来，新冠疫情在世界多地出现，东亚、欧洲、美国等先后停止了经济活动，超过 100 个国家关闭了国境线。据联合国统计，4 月中旬占全球 GDP 总量约 90%的国家和地区都处于不同程度的封锁之下，经济陷入停滞。4 月全球采购经理指数（Purchasing Managers' Index，PMI）达最大跌幅，服务业受影响程度大于制造业。5 月，大部分国家开始解除封锁状态，重新启动经济，全球 PMI 呈现弱复苏态势。6 月全球经济景气指数进一步好转，恢复至 2 月水平。全球 GDP 处于不同封锁周期的比例如图 5-3 所示，全球 PMI 指数如图 5-4 所示。

全球经济发展的不确定性增加，主要研究机构继续下调 2020 年全球经济增速。联合国发布的《2020 年世界经济形势与展望年中报告》指出，目前全球为恢复经济发展而采取的财政刺激政策所涉金额已近全球 GDP 总量的 10%，对

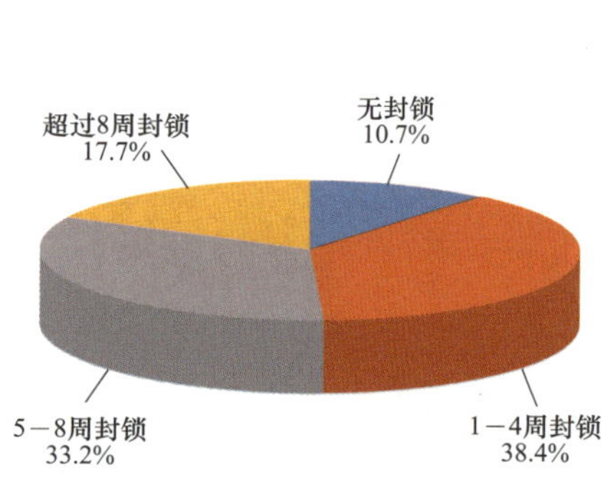

图 5-3　全球 GDP 处于不同封锁周期的比例(%)

数据来源：联合国报告《World Economic Situation and Prospects as of mid—2020》，WIND

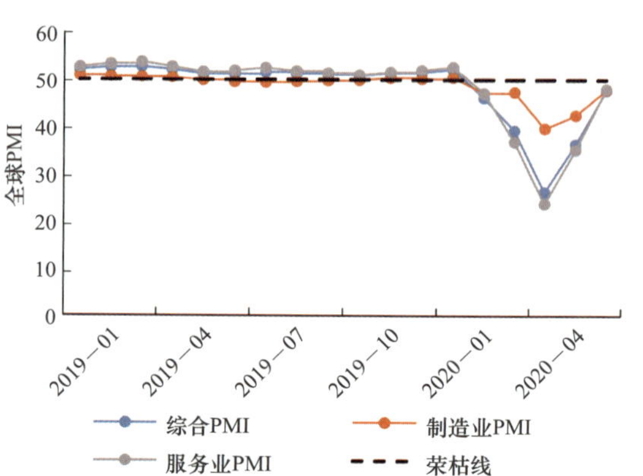

图 5-4　全球 PMI 指数

数据来源：联合国报告《World Economic Situation and Prospects as of mid—2020》，WIND

于加快经济复苏具有重要的正面意义，而财政赤字和政府债务的增长也给部分国家带来较大的挑战。此外疫情之下全球人员流动受阻，需求下滑，全球范围内贸易环境持续恶化，WTO 预测 2020 年全球贸易将缩水 13%～32%。5 月以来多个机构发布 2020 年全球经济预测数据（见表 5-1），综合来看预计 **2020 年全球 GDP 下降 3.0%～6.0%**。

表 5-1　5 月以来不同机构对 2020 年全球及主要经济体 GDP 的预测（%）

预测时间	机构或组织名称	全球	美国	欧元区	日本
5 月 13 日	联合国	-3.2	-4.8	-5.8	-4.2
6 月 8 日	世界银行	-5.2	-6.1	-9.1	-6.1
6 月 10 日	经合组织（OECD）	-6.0	-7.3	-9.1	-6.05
6 月 24 日	国际货币基金组织（IMF）	-4.9	-8.0	-10.2	-5.8

数据来源：WIND

（2）全球疫情对我国经济的影响。**受疫情影响，2020 年上半年我国主要经济指标先降后升，呈持续复苏态势**。我国固定资产投资、社会消费品零售总

额、规模以上工业增加值累计同比增速均于一季度探底，随后持续恢复增长，至二季度末均有明显改善。上半年，我国国内生产总值 456 614 亿元，同比下降 1.6%，其中二季度增长 3.2%。从需求侧看，上半年全国固定资产投资同比下降 3.1%，降幅较一季度收窄 13.0 个百分点；社会消费品零售总额同比下降 11.4%，降幅较一季度收窄 7.6 个百分点；货物进出口总额同比下降 3.2%，降幅比一季度收窄 3.3 个百分点。从供给侧看，上半年规模以上工业增加值同比下降 1.3%，降幅较一季度收窄 7.1 个百分点。

景气指数连续 4 月处于景气区间，但部分行业发展依然存在困难。从景气指数看，6 月制造业 PMI 为 50.9%，较 2 月最低时提高 15.2 个百分点，连续 4 月处于景气区间；制造业中小型企业生产经营困难较大，PMI 为 48.9 %，环比下降 1.9 个百分点；制造业进出口指数低位回升，但仍位于临界点以下。服务业继续改善，商务活动指数 53.4%，环比上升 1.1%，但文化体育娱乐和居民服务业商务活动指数仍位于临界点以下。我国主要经济指标和我国 PMI 指数如图 5 - 5 和图 5 - 6 所示。

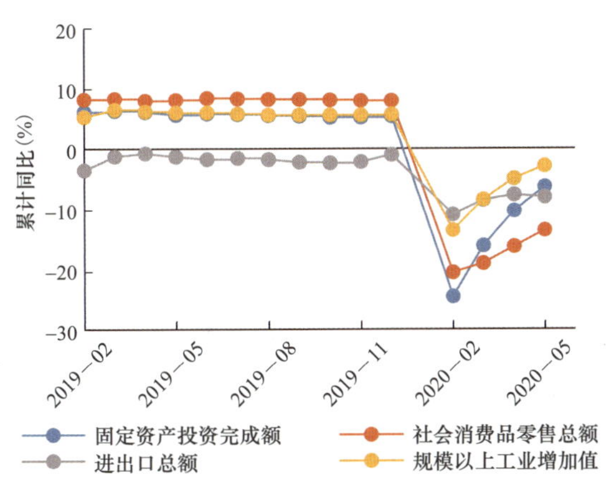

图 5 - 5　我国主要经济指标

数据来源：国家统计局

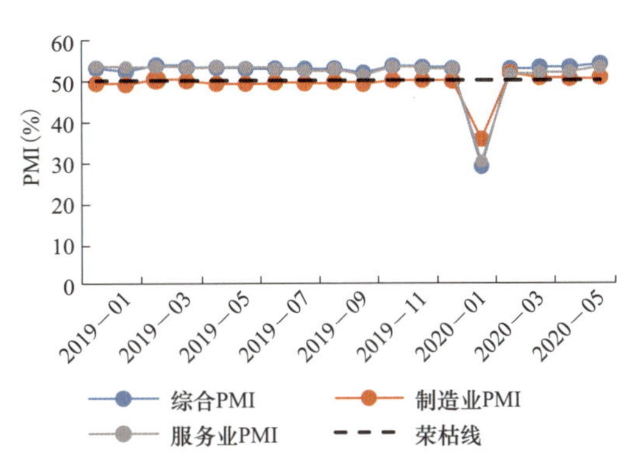

图 5 - 6　我国 PMI 指数

数据来源：国家统计局

影响我国经济发展的不确定因素依然存在。目前我国经济供给侧修复已基本完成，工业生产已回归正常增长水平，但内需依然较为低迷，可能成为下一阶段经济复苏的掣肘。全球疫情持续反复，二次爆发风险增大，世界经济形势依然复杂严峻，中美国际关系不确定性进一步增加。国际经济低迷、国际关系复杂等因素对我国经济发展的冲击和影响还在不断显现，我国经济发展仍将面临较大不确性。

我国后续将继续加大政策支持力度。今年政府工作报告淡化了经济增速目标，而将着力点放在“六稳”“六保”上。守住“六保”底线，重点支持“两新一重”建设，进一步强化政策支持力度，在发挥好积极财政政策特别是纾困和激发市场活力规模性政策作用同时，加大货币金融政策支持实体经济力度，稳住经济基本盘。具体举措包括：2020年赤字率安排在3.6%以上，财政赤字规模比上年增加1万亿元，同时发行1万亿元抗疫特别国债；增加国家铁路建设资本金1000亿元；6月前出台的减税降费以及降低工商业电价5%的政策执行期限延长到2020年底等。根据我国上半年经济恢复情况，加之宏观政策持续发力，预计全年GDP增速可达2.0%～3.0%。

5.1.3 全球疫情对我国能源电力的影响

2020上半年我国能源需求受疫情影响严重，供给侧受影响程度较小。在需求侧，我国煤炭、成品油和电力消费出现不同程度下滑，天然气消费呈低速增长态势；在供给侧，总体受疫情影响程度小于需求侧，煤炭产量同比小幅增长，发电量于4月恢复正增长，天然气和原油产量保持增长，其中原油产量增速高于上年同期水平。煤炭、原油进口量超过去年同期水平，天然气进口量增速放缓。

（1）煤炭。**煤炭生产总体受疫情影响较小**。2月份，受疫情影响煤炭产量降幅明显。随着复工复产的推进，3月份煤炭产量同比增速由负转正，1—6月累计同比增长0.6%。2020年我国原煤产量如图5-7所示。

煤炭需求逐渐回升。煤炭需求历经 3 个月负增长后，4 月份恢复到上年同期水平，1—4 月累计同比下降 5.2%。2020 年我国煤炭消费量如图 5-8 所示。

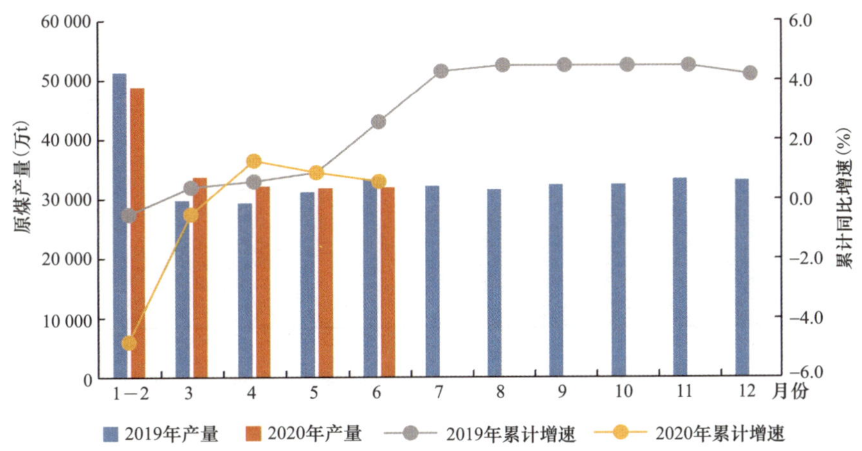

图 5-7　我国原煤产量

数据来源：煤炭运销协会

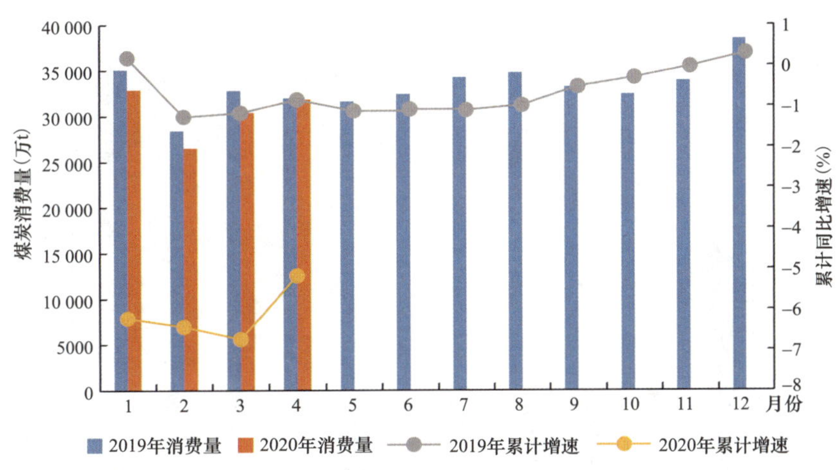

图 5-8　我国煤炭消费量

数据来源：煤炭工业协会

进口煤炭大幅上升。国际煤炭供大于求的形势进一步加剧，1—4 月受国际煤炭价格下行等因素影响，进口煤炭大幅增长。5—6 月，煤炭进口量同比下滑。1—6 月煤炭进口量累计同比增长 12.7%。2020 年我国煤炭进口量如图 5-9 所示。

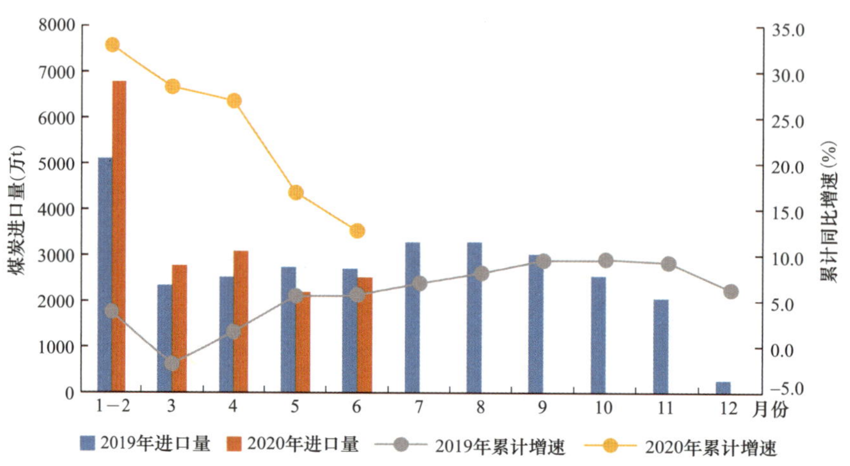

图 5-9　我国煤炭进口量

数据来源：海关总署

（2）石油。**原油产能保持增长态势**。总的来看，疫情对原油生产影响较小，1—6 月原油产量累计同比增长 1.5%。分月来看，1—2 月原油产量同比增长 4.3%，增幅明显；3—5 月受原油消费能力下降、库存上升等因素影响，产能与上年同期基本持平，6 月份同比小幅下降。2020 年我国原油产量如图 5-10 所示。

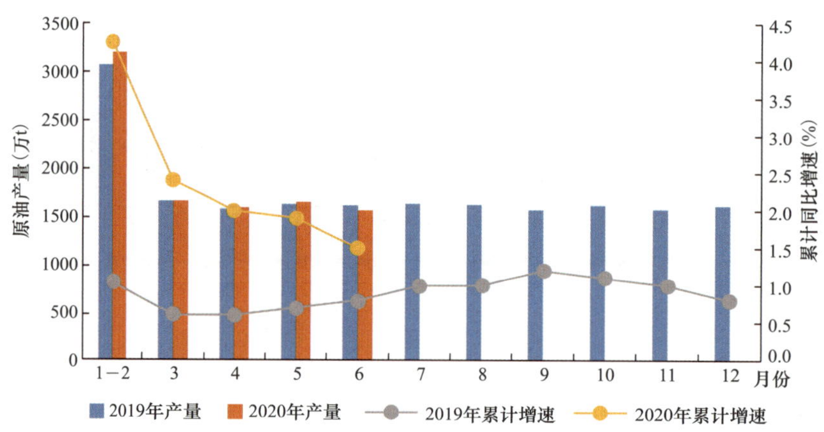

图 5-10　我国原油产量

数据来源：国家统计局

原油消费大幅下跌后逐渐回暖。1—3 月原油加工量和成品油消费量大幅下滑，累计同比分别下降 4.6%和 14.1%。随着生产生活秩序的逐渐恢复，原油加工量和成品油消费量逐渐回升，4 月当月已超上年同期水平。1—6 月原油加工量和成品油消费量累计同比分别增长 2.4%和－6.0%。2020 年我国原油加工量、成品油消费量分别如图 5－11、图 5－12 所示。

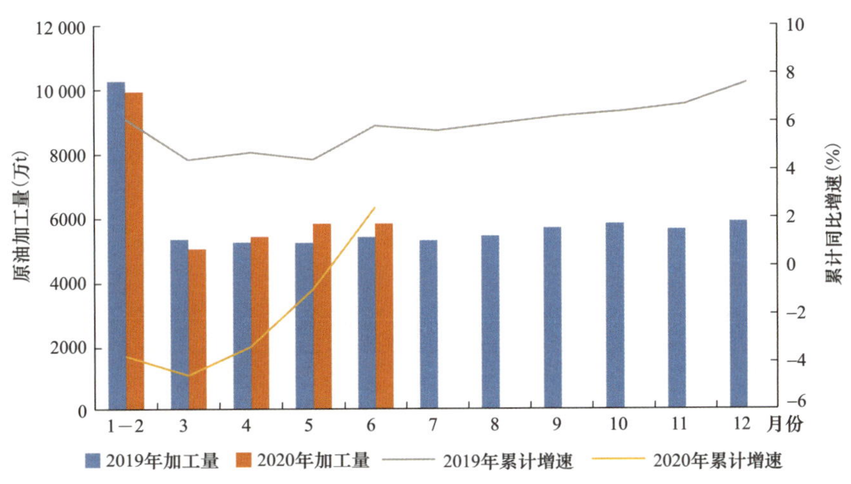

图 5－11　我国原油加工量

数据来源：国家统计局

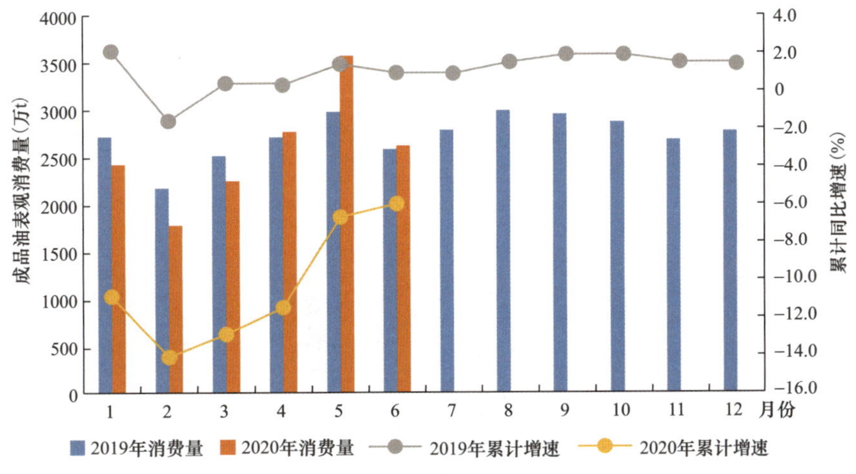

图 5－12　我国成品油表观消费量

数据来源：国家发改委

1—4 月原油进口增速放缓。受下游市场需求不振的影响，1—4 月原油进口增速放缓，累计同比增长 1.7%，增速回落 7.1 个百分点。5—6 月，原油进口量大幅提升。1—6 月累计同比增长 9.8%，增速提高 1.0 个百分点。2020 年我国原油进口量如图 5-13 所示。

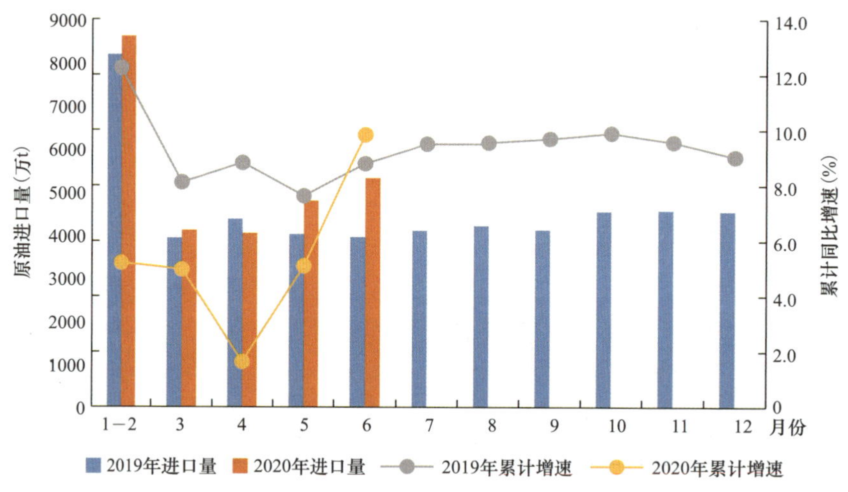

图 5-13　我国原油进口量

数据来源：海关总署

（3）天然气。**天然气产量保持快速增长**。1—6 月天然气产量累计同比增长 11.1%，增速提高 0.8 个百分点。2020 年天然气产量如图 5-14 所示。

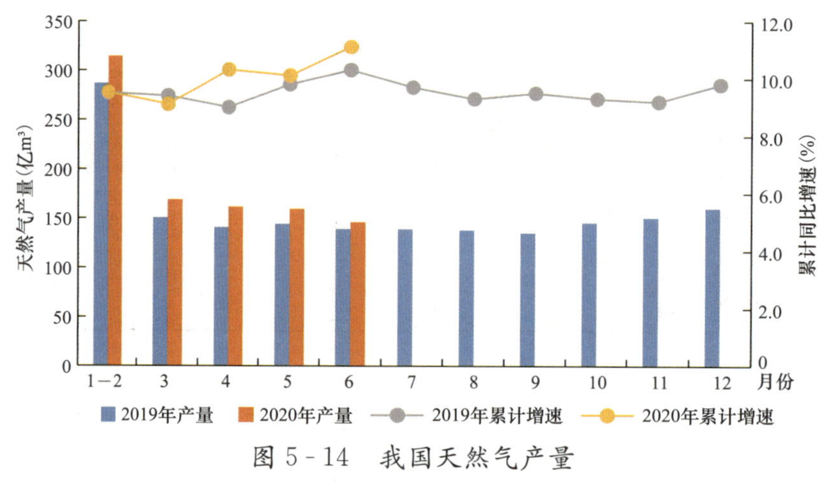

图 5-14　我国天然气产量

数据来源：国家统计局

天然气消费量增速放缓。除 2 月份天然气表观消费量同比有所下降外，2—6 月均呈增长态势，但增速大幅放缓。1—6 月，天然气表观消费量 1556.1 亿 m^3，累计同比增长 4.0%，增速回落 8.1 个百分点。2020 年我国天然气表观消费量如图 5-15 所示。

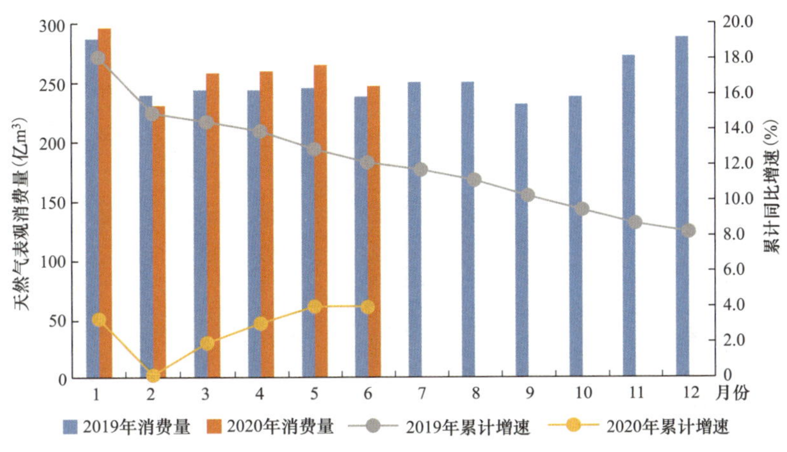

图 5-15　我国天然气表观消费量

数据来源：国家发改委

天然气进口量低速增长。受国内产量快速增长和需求增速放缓的影响，1—6月天然气进口量呈低速增长态势，累计同比增长 3.3%，增速回落 8.2 个百分点。2020 年天然气进口量如图 5-16 所示。

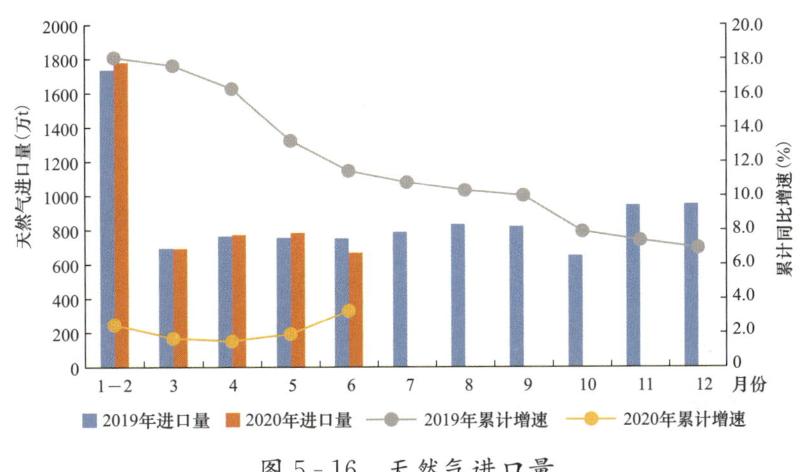

图 5-16　天然气进口量

数据来源：海关总署

（4）电力。**电力消费需求逐渐回暖**。1—3 月全社会用电量负增长，其中 2 月份降幅最大，当月同比下降 10.1%。4 月份全社会用电量增速由负转正，同比小幅增长 0.7%。5—6 月用电量恢复较快增长，同比增速分别为 4.6%和 6.1%。1—6 月，全社会用电量低于上年同期水平，累计同比下降 1.3%。2020 年全社会用电量变化趋势如图 5-17 所示。

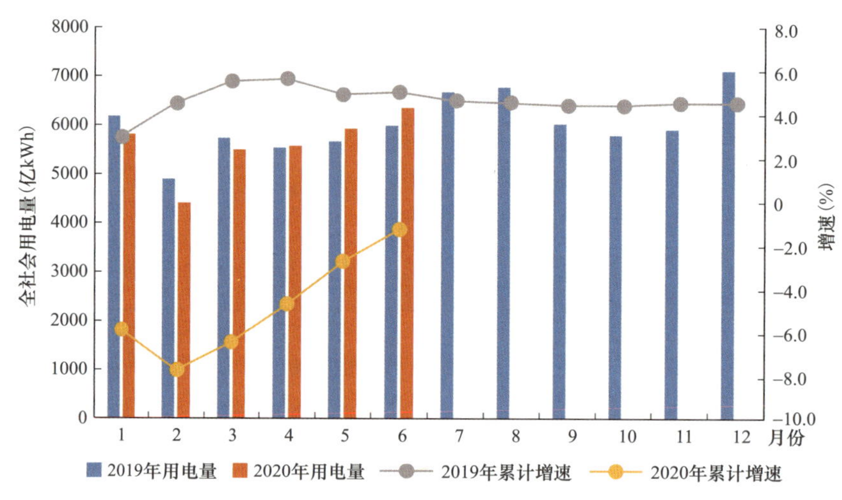

图 5-17　全社会用电量

数据来源：国家统计局

6 月份三次产业和居民生活用电量均实现正增长。第一产业和居民生活用电量受疫情影响较小，1—6 月呈持续增长态势，累计同比增速分别为 8.2%、6.6%。第二产业用电量在连续 2 个月负增长后，4 月份恢复正增长，6 月份同比增长 4.3%。第三产业用电受疫情影响最大且持续时间最长，在连续 4 个月负增长后，5 月份恢复正增长，6 月份同比增长 7.0%。1—6 月，第一、二、三产业和居民生活用电量累计同比分别增长 8.2%，－2.5%，－4.0%，6.6%。

5.2　能源展望

综合来看，目前我国疫情进入常态化防控阶段，经济发展稳步复苏，生产

生活秩序持续恢复。综合考虑经济、疫情发展态势及政策影响等因素，预测我国 2020 年和 2021 年能源生产消费情况。

预计 2020—2021 年能源消费总量保持增长，但 2020 年增速放缓。根据 2019 年水平进行折算，预计 2020 年能源消费总量 49.6 亿 t 标准煤，同比增长 2.0%，增速回落 1.3 个百分点；2021 年能源消费总量 52.4 亿 t 标准煤，同比增长 5.8%。

预计 2020 年能源生产增速放缓。根据 2019 年水平进行折算，预计 2020 年能源生产总量 41.0 亿 t 标准煤，同比增长 3.7%，增速回落 1.4 个百分点；2021 年能源生产总量 43.0 亿 t 标准煤，同比增长 4.7%。

（1）煤炭。预计 2020 年煤炭产量 39.5 亿 t，同比增长 2.7%；2021 年煤炭产量 40.3 亿 t，同比增长 2.0%。原煤产量预测如图 5-18 所示。

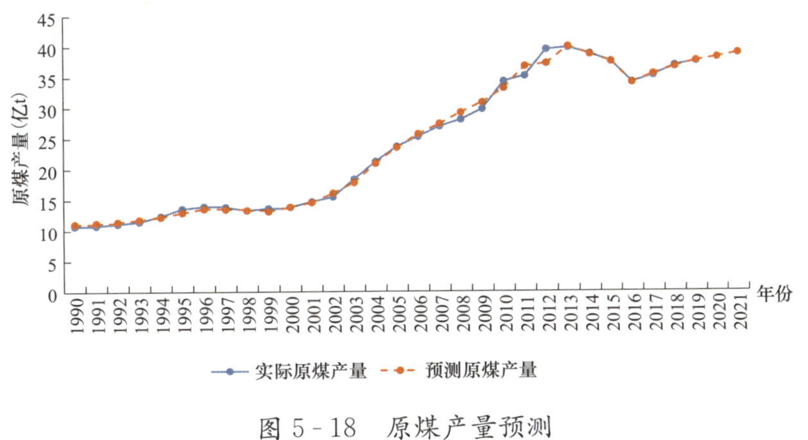

图 5-18　原煤产量预测

2020 年原煤消费量预计出现小幅下滑，全年消费量 38.9 亿 t，同比下降 1.1%；2021 年原煤消费量 40.1 亿 t，同比增长 3.2%。原煤消费量预测如图 5-19所示。

2020 年煤炭供应整体宽松，2021 年煤炭供需基本平衡。2020—2021 年我国煤炭供需形势预测如图 5-20 所示。

（2）原油。油气勘探开发“七年行动计划”持续推进，将进一步拉动原油产能提升。预计 2020 年原油产量 1.9 亿 t，同比增长 1.5%；2021 年原油产量

2.0 亿 t，同比增长 4.7%。我国原油产量预测如图 5-21 所示。

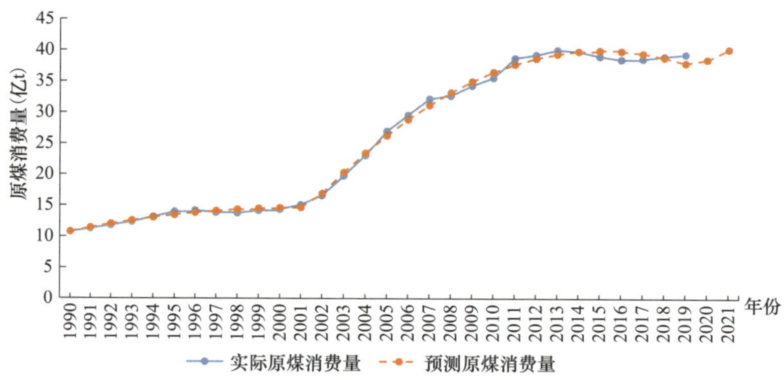

图 5-19 原煤消费量预测

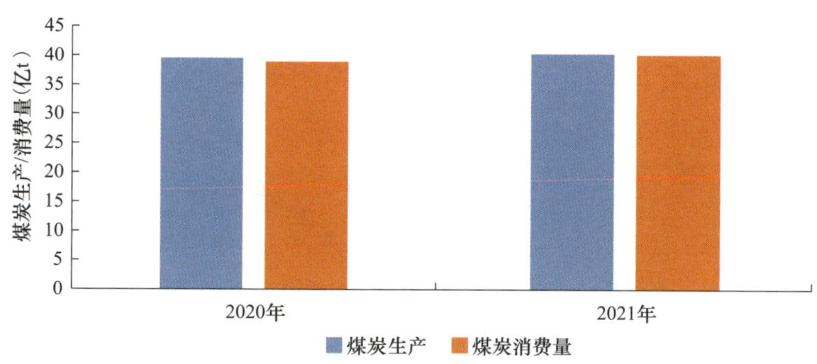

图 5-20 2020—2021 年我国煤炭供需形势预测

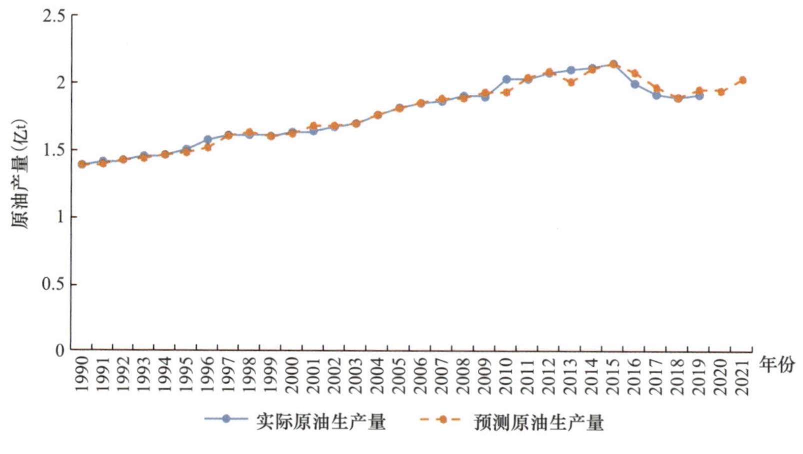

图 5-21 我国原油产量预测

2019 年多个炼化项目投产，炼化产能进一步扩大，原油加工能力大幅提升，拉动原油消费保持上涨态势。预计 2020 年全年原油消费量 6.9 亿 t，同比增长 4.0%；2021 年原油消费量 7.3 亿 t，同比增长 5.8%。我国原油消费量预测如图 5-22 所示。

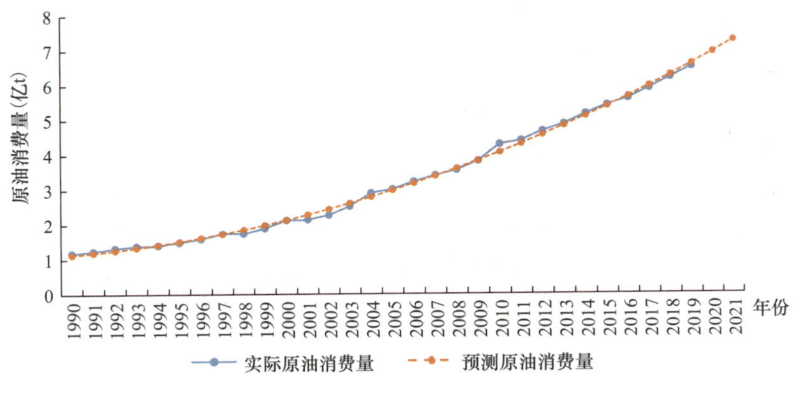

图 5-22　我国原油消费量预测

原油进口需求维持在较高水平。原油消费增速快于原油生产，在国内原油零出口情况下，预计 2020 年原油仍需进口 4.9 亿 t，2021 年进一步扩大至 5.2 亿 t。2020—2021 年我国原油供需形势预测如图 5-23 所示。

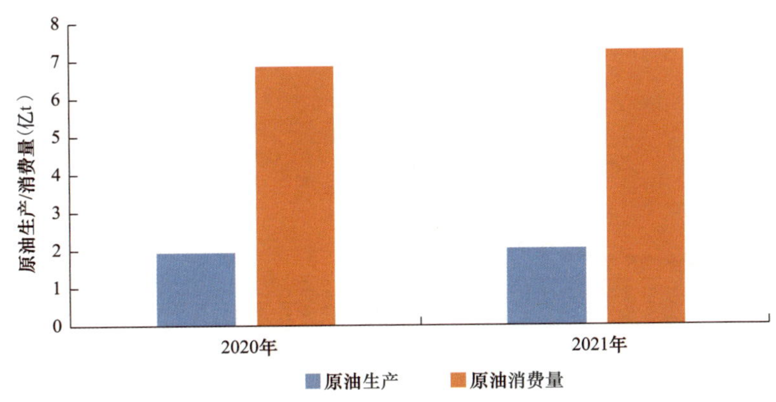

图 5-23　2020—2021 年我国原油供需形势预测

成品油供应形势整体宽松。受原油加工能力大幅提升影响，预计 2020 年成品油产量 3.7 亿 t，同比增长 4.3%；受疫情影响，成品油消费量下滑至

3.2 亿 t,同比下降 3.9%。2021 年成品油产量 3.8 亿 t，同比增长 1.3%；成品油消费量 3.3 亿 t，同比增长 3.6%。2020—2021 年我国成品油供需形势预测如图 5-24 所示。

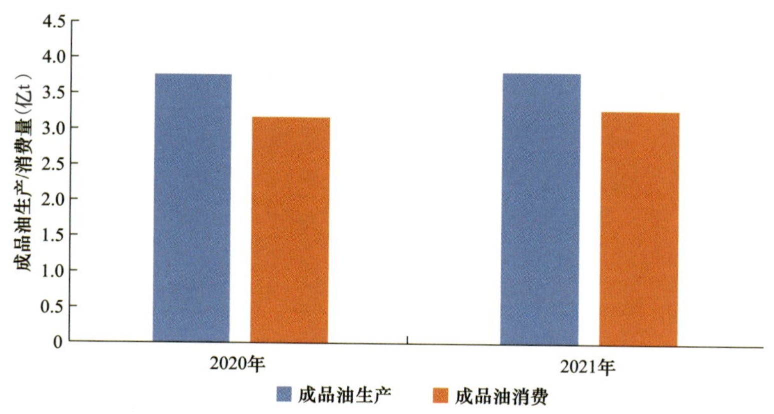

图 5-24 2020—2021 年我国成品油供需形势预测

（3）天然气。预计 2020 年天然气增储上产态势良好，产量 1894.9 亿 m^3，同比增长 9.1%；2021 年天然气产量 2011.7 亿 m^3，同比增长 6.2%。我国天然气产量预测如图 5-25 所示。

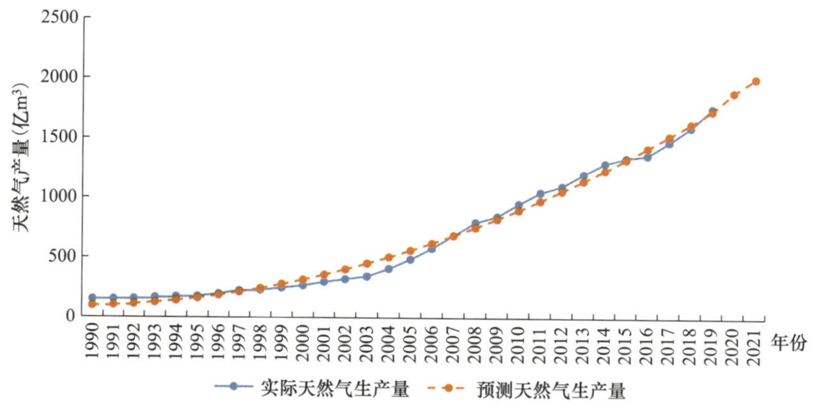

图 5-25 我国天然气产量预测

受“煤改气”推进趋稳叠加疫情等因素影响，预计 2020 年天然气消费量 3188.3 亿 m^3，同比增长 4.8%，增速有所下滑；2021 年天然气消费量 3435.3 亿 m^3，同比增长 7.7%。我国天然气消费量预测如图 5-26 所示。

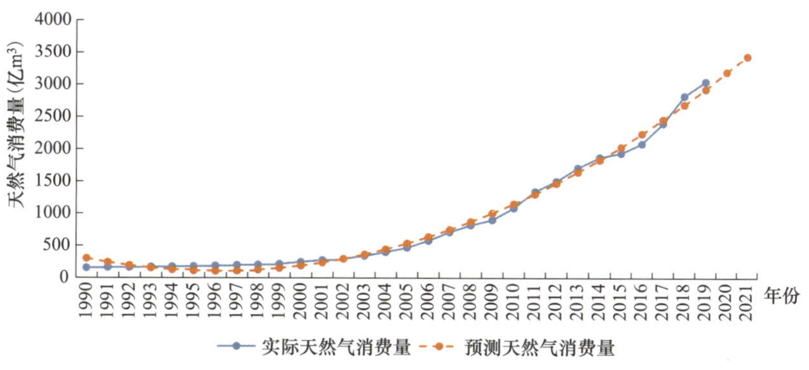

图 5-26　我国天然气消费量预测

天然气生产与消费之间仍存在较大缺口。在国内天然气零出口的情况下，2020 年需进口天然气 1293.9 亿 m^3，同比下降 36.9 亿 m^3；2021 年需进口天然气 1423.5 亿 m^3，同比增加 129.6 亿 m^3。2020—2021 年我国天然气供需形势预测如图 5-27 所示。

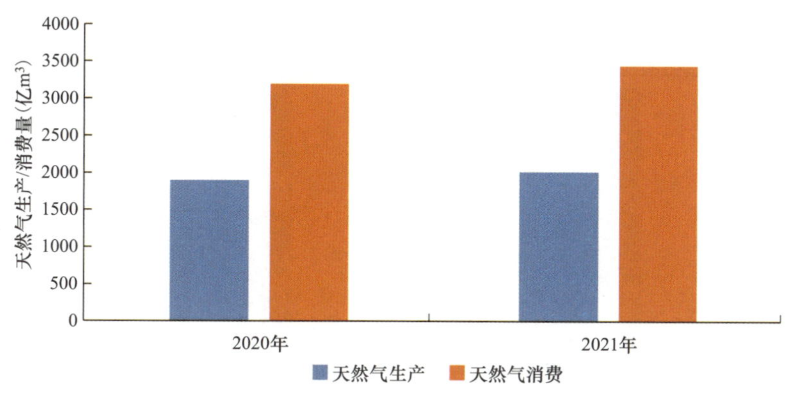

图 5-27　2020—2021 年我国天然气供需形势预测

(4) 电力。据国家气候中心预测，2020 年大部分地区夏季气温偏高，拉动降温负荷增长。此外，政策影响下电能替代进一步推进，生产活动恢复也将推动全社会用电量持续增长。综合考虑疫情、政策、气温、降水等因素影响，预计 2020 年全社会用电量 7.4 万亿 kWh，同比增长 2.7%；2021 年全社会用电量 8.1 万亿 kWh，同比增长 9.5%。我国全社会用电量预测如图5-28所示。

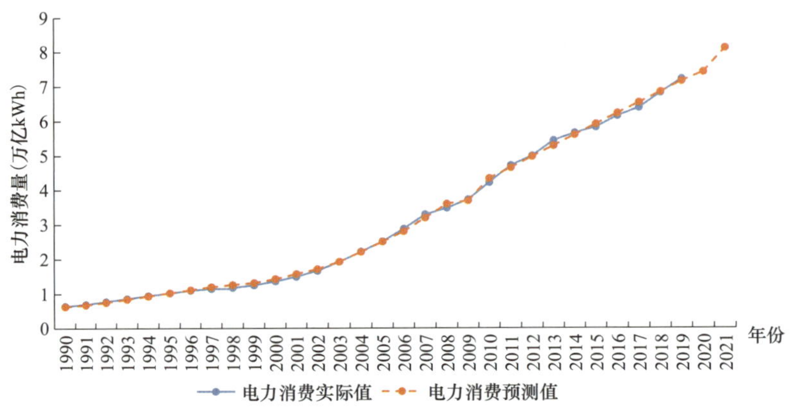

图 5-28　我国全社会用电量预测

预计 2020 年全国发电量 7.7 万亿 kWh，同比增长 2.6%；2021 年发电量 8.3 万亿 kWh，同比增长 8.2%。发电量预测值高于用电量，预计电力供需基本平衡。2020—2021 年我国电力供需形势预测如图 5-29 所示。

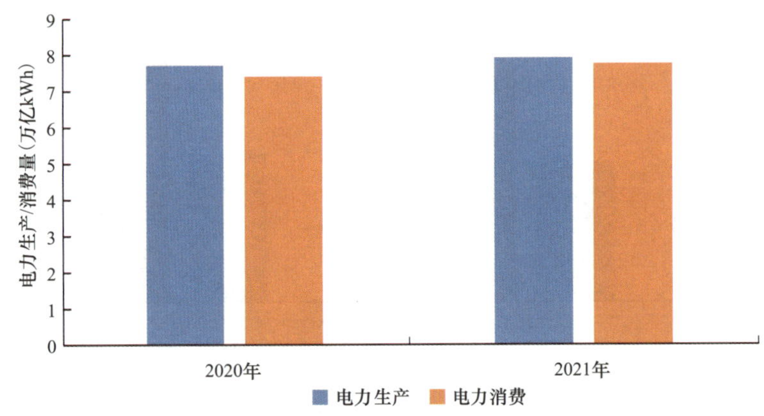

图 5-29　2020—2021 年我国电力供需形势

清洁能源发电量占比进一步提升。从发电结构来看，预计 2020 年火力发电量 5.2 亿 kWh，占全国全年发电总量 68.1%，同比下降 1.8 个百分点；2020 上半年部分地区降水较少，预计全年水力发电 1.2 亿 kWh，占比 14.9%，同比下降 0.4 个百分点；核电、风电等其他能源发电占比进一步提升，全年发电量总计 1.3 亿 kWh，占比 17.0%。预计 2021 年发电量结构中，火电占比 66.5%，

水电占比 15.9%，核电、风电等其他能源占比 17.6%。2020—2021 年我国发电量占比预测如图 5-30 所示。

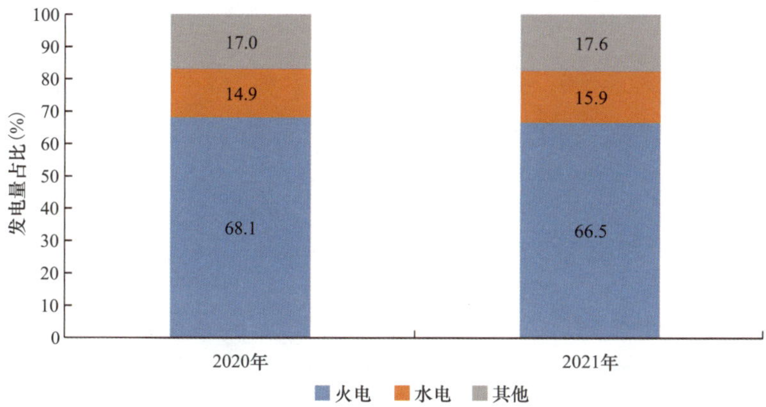

图 5-30　2020—2021 年我国发电量占比预测

第 6 章

“十四五” 能源发展形势及建议

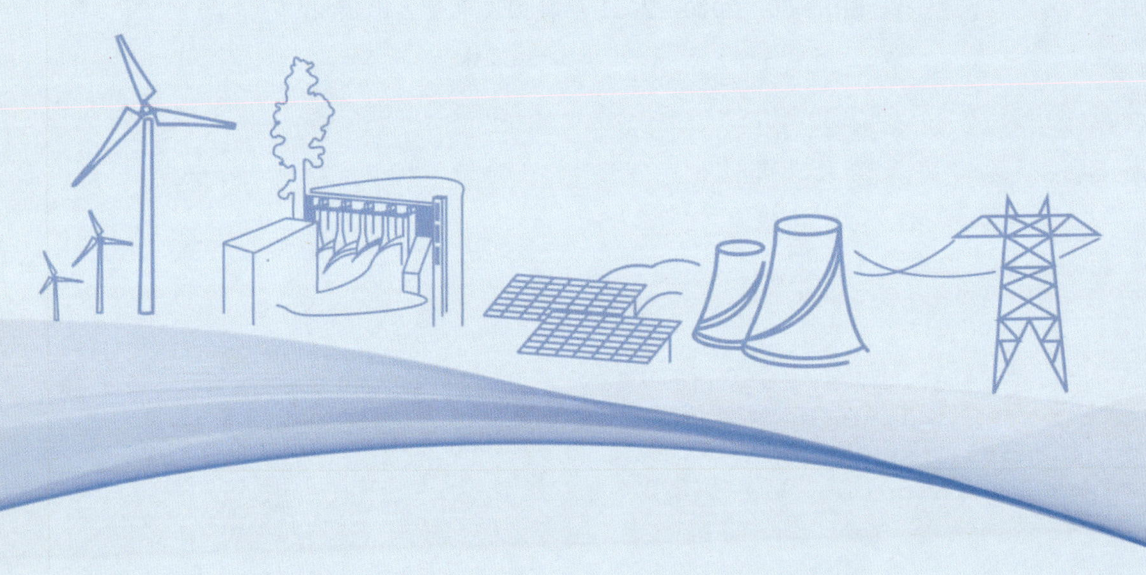

能源是社会经济高质量发展的重要基石。在“四个革命、一个合作”能源发展战略指导下，我国明确提出2050年非化石能源消费占比超过一半、建成现代能源体系的转型发展目标。近年来，我国能源转型发展取得阶段性成效，供给能力大幅提高，消费结构持续向清洁低碳转型，技术创新水平不断提升，电力、油气体制改革深入推进，能源进口来源向多元化发展。“十四五”时期是我国经济由高速增长向高质量发展转型的攻坚期，全国能源行业将进入全面深化改革的关键时期，同时我国也将继续面临更加复杂的国际能源经济发展形势，在新的历史起点，能源行业在国民经济中的战略性、基础性地位将更加突出。

6.1 “十三五”时期我国能源发展存在的问题

能源供应保障压力大。我国是世界上最大的能源生产国和消费国，保障能源安全始终是一个重大战略问题。如何利用好国际和国内两种资源，综合统筹经济发展、环境保护等各项任务，制订科学的能源战略，满足中国日益增长的能源需求，是目前所面临的一个现实而紧迫的问题。

国际形势复杂多变和国内能源结构性矛盾危及我国能源安全。当前国际环境与地缘政治形势复杂，能源消费国之间、消费国和生产国之间、生产国之间的矛盾错综复杂，全球短期油气供应短缺甚至中断的可能性依然存在。我国缺油少气的能源结构性矛盾始终存在，油气资源对外依存度高，能源安全形势严峻。

现阶段我国经济社会对绿色能源的价格承受力与发达国家相比仍有较大差距。大力发展可再生能源是能源清洁低碳转型的必然选择，但以风电光伏为代表的可再生能源在一定时期内相较于传统化石能源发电仍不具备经济优势，绿色低碳转型客观上推高了我国能源成本，对我国经济社会的发展造成了压力。

我国能源科技创新水平仍旧不足。能源技术存在局部领先、总体落后的现象，关键核心技术仍需进口，技术空心化和对外依存度偏高的现象普遍存在。

6.2 “十四五”时期国内国际能源发展面临的重大形势变化

能源清洁低碳发展成为广泛共识。为应对全球气候变化，大力发展新能源已成为世界主要国家和地区的共识，能源向清洁、低碳、高效转型是大势所趋。

能源供需关系发生深刻变化。发达国家能源消费总量趋于稳定甚至下降，以中国为首的亚太地区占世界能源消费比重逐渐提高，世界能源消费格局将由发达国家和发展中国家共同主导；随着页岩油气革命性突破，世界能源供给能力显著增强，油气供应格局将逐步演变为中东、俄罗斯、美洲共同主导的“三极”格局。

世界能源发展面临的不确定因素增多。当今国际政治局势复杂多变，美国奉行单边主义和保护主义，挑起与中国及世界多国的贸易摩擦，给世界经济和经济全球化蒙上了阴影；同时，世界能源主要生产国和主要能源运输通道局势不稳定，给国际能源贸易和我国能源安全带来了威胁；能源价格持续震荡或成为常态，如 2018 年国际油价走势震荡加剧，全年最大波幅达 71%。

气候变化刚性约束变强。2016 年，170 多个国家签署《巴黎气候变化协定》，明确将本世纪全球平均气温上升幅度控制在 2℃以内。我国作为温室气体排放大国，也向世界作出 2030 年前实现碳排放达峰的承诺，碳排放约束将使我国能源发展承受更大的生态环境压力。

能源科技和产业发展正处于第四次工业革命浪潮之中。当前，第四次工业革命正以前所未有的态势席卷而来，第四次工业革命是以人工智能、机器人技术、量子信息技术、虚拟现实以及生物技术为主的全新技术革命。这些创新技术与能源系统各环节的深度融合，将深刻改变能源行业特别是电网企业的传统

生产、管理和运营模式。

6.3 “十四五” 时期能源发展需关注问题

1. 能源供给

稳步提升非化石能源占比。合理开发国内水电和引入国外水电；充分考虑电力系统安全稳定可承受能力，有序开发沿海风能资源；因地制宜发展分布式光伏发电，提倡自发自用、就地消纳；积极推进生物质发电，提高能源利用效率；安全高效发展核电，加快推进沿海核电项目开工建设。

科学合理发展新能源。在能源清洁化转型过程中应充分考虑能源经济和安全因素的实际影响，科学、合理推进风光等新能源开发利用；积极开发利用分布式新能源，促进新能源的分散开发、就近消纳，保障平价新能源全额消纳；积极挖掘东部沿海本地绿色能源，提高本地能源供应能力，优化我国能源供应格局。

着力提升能源供给效率。提升能源转换效率，降低发电煤耗、气耗，采用集中供热、热电联产、冷热电三联供等综合能源供应模式，推广新能源发电侧储能应用、减少弃风弃光；扩大能源有效供给，提升油气管道和送电通道利用效率；统筹推进输配电网和油气管网建设，加强电力网、油气管网、热力管网等能源网络协调对接，促进多种能源形态协同转化；推进能源与现代信息技术深度融合，推动油气管网和智能电网转型升级，提高网络传输和运行效率。

加强能源储备及应急能力建设。硬件设施方面，应持续推进能源储备基地及配套基础设施建设，加大储气库和接收站改造和新建力度，加快完善油气管网建设。体系制度方面，应进一步完善能源储备制度，推动建设国家储备与企业储备相结合的多层次储备体系；建立企业义务储备制度，完善相关政策法规，对企业参与能源储备进行规范化管理；依托大数据、人工智能、工业物联网等新技术，加强能源安全信息化保障和决策支持能力建设，提升预测预警和防范应急水平。

2. 能源消费

逐步完善能源消费总量及能耗强度“双控”制度。综合考虑各地区经济社会发展水平、产业结构、能源消费状况、资源禀赋、环境容量等因素，将能源消耗总量和强度“双控”目标科学合理分解至不同地区，建立差异化能源“双控”的约束机制，采取刚性目标和弹性目标相结合、动态调整考核目标等措施；加大对能源“双控”的财政、税收支持，完善融资机制；深化“双控”激励和惩罚机制，对重点地区煤炭控制制度设定煤炭消费专项考核机制。

探索建立能源消费总量指标交易机制。鼓励区域内企业间开展能耗交易，符合相关产业政策要求的高载能项目可以向有富裕能耗指标的企业购买能耗；积极开展区域间能耗指标交易，对于压缩存量能耗或消化增量能耗的区域，鼓励其与其他有能力分摊能耗的区域进行交易；完善能耗交易制度，建立能耗交易平台，培育并逐步完善能耗交易市场。

对于污染防治重点地区，应重点控制散煤消费量。散煤治理是煤炭清洁高效利用的难点和关键。全国散煤消费量在6亿～7亿t/年，约占燃煤消费量的20％～25％。与电煤相比，1t散煤的污染物排放量是电煤的5～10倍。当前，散煤治理面临点多面广、难监管等诸多问题，散煤的清洁高效利用路径仍然模糊不清，京津冀及周边“2＋26”城市和汾渭平原散煤复烧现象仍然存在。散煤治理对改善空气质量十分显著，对于污染防治重点地区，应继续调整煤炭消费结构，坚持散煤减量替代与清洁化替代并举。

3. 能源技术

煤炭清洁高效利用关键技术有望于“十四五”时期取得实质性进展。我国以煤为主的资源禀赋决定了煤炭在相当一段时间内都将占据我国能源结构中的重要地位，煤炭高效清洁利用作为我国构建清洁高效能源体系的重要技术之一。在国家相关规划文件及产业政策的大力支持下，煤炭清洁高效利用技术有望于“十四五”时期加快发展并取得实质性进展。当前我国在煤气化、煤液化

等方面的技术总体已达到世界领先水平，“十四五”期间有望在煤制清洁燃气关键技术、煤制液体燃料及大宗化学品关键技术等领域实现突破，煤炭清洁高效利用水平的提高将使煤炭成为清洁能源的重要后备保障，同时也有助于缓解我国能源供应紧张局面，保障国家能源安全。

新能源高效利用技术进一步突破，推动能源转型加快步伐。大型风电技术（包括高空风力发电、大功率风电机组、海上风电关键部件设计制造等）、高效太阳能利用技术（包括高效低成本光伏发电、大型太阳能热发电等）的突破，可以拓宽资源开发范围，优化能源资源布局，显著提升风电光伏利用效率，降低发电成本。

需求侧响应关键技术日臻成熟，需求侧将成为提升电网灵活性的重要资源。“十四五”期间我国东中部地区负荷高峰时段电力供需平衡将面临较大挑战，考虑到尖峰负荷持续时间短，通过完善相应的市场机制，需求侧响应可以多种形式提供系统辅助服务，是提高电网运行灵活性的关键技术，应成为“十四五”电力发展规划和调度运行中的重要资源。

我国储能关键技术和核心装备将达到国际领先水平。根据《关于促进储能技术与产业发展的指导意见》中所提出的发展目标，“十四五”期间我国将全面掌握具有国际领先水平的储能关键技术和核心装备，部分储能技术装备引领国际发展；形成较为完善的技术和标准体系并拥有国际话语权。在储能技术全面发展成熟的背景下，储能将实现市场化的大规模应用，在保障新能源消纳、延缓基础设施建设、加强能源系统调控能力、提升安全保障能力、提升源荷协同水平等方面可以发挥积极作用，推动基于电力与能源市场的多种储能商业模式蓬勃发展。

4. 能源体制和价格机制

建设统一开放、层次分明、功能齐全、竞争有序的现代能源市场交易体系。煤炭市场方面，规范区域煤炭交易市场建设，完善全国与区域市场衔接关系，构建多层次、多元化煤炭交易平台，建设健全煤炭市场交易服务体系；油气市场方面，进一步培育市场主体，协同各单位实现上下游油气市场充分开放的市场格局，扩大国家级油气交易中心的国际影响力，进一步丰富能源商品交易类别和金融衍生品体系；电力市场方面，完善电力市场系统性设计，逐步扩大电力市场化交易规模，推进现货市场试点步入稳定运行阶段，形成中长期市场、现货市场、辅助服务市场相衔接的电力市场体系。

充分发挥市场在资源配置中的决定性作用，更好地发挥政府作用。加强自然垄断环节价格规制，科学核定电网、天然气管网输配价格；弱化政府对能源价格和市场的干预，推进竞争性环节价格由市场决定，完善煤炭、油气、电力市场定价机制；妥善处理能源交叉补贴，化暗补为明补，保障能源产业可持续发展；逐步完善碳排放权、绿证等市场建设，采用市场化手段推动能源消费外部成本内部化。

附录A 名 词 解 释

【一次能源】从自然界取得的未经任何改变或转换的能源，如原煤、原油、天然气、生物质能、水能、核燃料，以及太阳能、地热能、潮汐能等。根据成因可分为三类：第一类是来自太阳热核反应释放的能量，包括直接达到地球的太阳能辐射，由太阳辐射能转化而来的原煤、原油、天然气和生物质能，以及太阳能的热效应在大气、陆地与海洋三者之间的界面产生的风能、波浪能和洋流的动能；第二类是蕴藏在地球内部的岩石和流体中的地热能，以及放射性矿物蕴藏的核能；第三类是月球、太阳和地球的相互作用产生的潮汐能。根据其能否循环使用和不断得到补充，又可分为可再生能源、非可再生能源。

【二次能源】一次能源经过加工或转换得到的能源，如煤气、焦炭、汽油、煤油、柴油、重油、电力、蒸汽、热水、氢燃料、酒精等。在生产过程中排出的余能余热，如高温烟气、可燃废气、废蒸气、废热水、有压流体等也属于二次能源。二次能源比一次能源有更高的终端利用效率，也更清洁和便于利用。

【化石能源】泛指由远古动植物的化学演化而形成的能源，如煤炭、石油、天然气、油砂以及油页岩等各种固体、液体和气体物质。

【非化石能源】指化石能源之外的一次能源，包括核能、风能、太阳能、水能、生物质能、地热能、海洋能等。

【可再生能源】指自然界中可以循环再生、反复持续利用的一次能源，主要包括水能、风能、太阳能、生物质能、地热能和海洋能等。

【清洁能源】即绿色能源，是指不排放污染物、能够直接用于生产生活的能源，它包括核能、可再生能源、使用低污染的化石能源（如天然气等）以及利用清洁能源技术处理过的化石能源，如洁净煤、洁净油等。

【传统能源】指在现阶段科学技术水平下，人们已经广泛使用、技术上比较成熟的能源，如煤炭、石油、天然气、水能等，也称常规能源。

【新能源】指传统能源之外的各种能源形式，处于开发利用或研究初期，具有一定推广应用潜力的能源，如风能、太阳能、生物质能、地热能和海洋能等。

【分布式能源】是一种建在用户端的能源供应方式，可独立运行，也可并网运行，是以资源、环境效益最大化确定方式和容量的系统，将用户多种能源需求，以及资源配置状况进行系统整合优化，采用需求应对式设计和模块化配置的新型能源系统，是相对于集中供能的分散式供能方式。

附录B 能 源 政 策

B.1 煤炭政策

(1) 煤炭供给侧改革持续深入。2019 年 4 月 30 日，国家发改委、工业和信息化部、国家能源局联合发布《2019 年煤炭化解过剩产能工作要点》，提出 2019 年煤炭去产能工作重点要求：结合煤炭供需形势和资源运力情况，加快退出落后和不安全的煤矿。2019 年基本退出以下煤矿：晋陕蒙宁等 4 个地区 30 万 t/年以下、冀辽吉黑苏皖鲁豫甘青新等 11 个地区 15 万 t/年以下（不含 15 万 t/年）、其他地区 9 万 t/年及以下的煤矿；长期停产停建的 30 万 t/年以下"僵尸企业"煤矿；30 万 t/年以下冲击地压、煤与瓦斯突出等灾害严重煤矿。严格新建改扩建煤矿准入，停止核准各区域产能相对落后煤矿。山西、内蒙古、陕西新建和改扩建后产能低于 120 万 t/年的煤矿，宁夏新建和改扩建后产能低于 60 万 t/年的煤矿，其他地区新建和改扩建后产能低于 30 万 t/年的煤矿。加快建设一批优质产能煤矿，持续扩大优质增量供给，到 2020 年，120 万 t/年及以上大型煤矿产量占 82%以上。

(2) 加快退出落后小煤矿。2019 年 8 月 19 日，国家发展改革委等六部门研究制定《30 万 t/年以下煤矿分类处置工作方案》。方案提出，加快退出煤炭落后产能，按照严格执法关闭一批、实施产能置换退出一批、升级改造提升一批的要求，对 30 万 t/年以下煤矿进行分类处置，加快退出低效无效产能，提升安全生产保障水平，促进煤炭行业高质量发展。方案明确的目标为，通过三年时间，力争到 2021 年底全国 30 万 t/年以下煤矿数量减少至 800 处以内，华北、西北地区（不含南疆）30 万 t/年以下煤矿基本退出，其他地区 30 万 t/年以下煤矿数量原则上比 2018 年底减少 50%以上。

（3）电力煤炭协同发展。2019 年 10 月，国家发展改革委、国家能源局印发《关于加大政策支持力度进一步推进煤电联营工作的通知》。通知要求，深刻认识煤电联营的重大战略意义，鼓励支持煤炭、电力企业采取煤电一体化、煤电交叉持股、煤电企业合并重组等形式开展煤电联营，进一步推进煤电联营进程。通知明确了煤电联营的方向：新规划建设煤矿、电厂项目优先实施煤电联营，在运煤矿、电厂因地制宜、因企制宜加快推进煤电联营，鼓励大型动力煤煤炭企业和火电企业加快实施煤电联营。根据通知，坑口煤电一体化将重点发展。通知要求统筹推进大型煤电基地规划建设，综合电力外送通道、消纳市场、本地环境和水资源支撑能力等因素，合理规划布局坑口煤电一体化项目。

2019 年 12 月 2 日，国家发展改革委印发《关于推进 2020 年煤炭中长期合同签订履行有关工作的通知》，要求中央和各省区市及其他规模以上煤炭、发电企业集团签订的中长期合同数量，应达到自有资源量或采购量的 75%以上，较 2019 年水平有合理增加，鼓励引导新投产煤矿签订更高比例的中长期合同。支持签订 2 年及以上量价齐全的中长期合同。鼓励多签有运力保障的三方中长期合同。对煤炭供需双方签订的年度单笔合同量在 20 万 t 及以上的电煤中长期合同，以及年度单笔合同量在 10 万 t 及以上的冶金、建材、化工等行业的煤炭中长期合同，国家铁路集团依据运输能力，组织指导有关运输企业进行运力衔接。产运需三方中长期合同量应不低于上年水平。

B. 2　油气政策

（1）放开对民营和外资企业的限制，形成油气全面开放新格局。2019 年 6 月 30 日，国家发展改革委和商务部发布了《外商投资准入特别管理措施（负面清单）（2019 年版）》《自由贸易试验区外商投资准入特别管理措施（负面清单）（2019 年版）》，自 2019 年 7 月 30 日起开始实施。新颁布的负面清单中，取消了城市燃气、热力管网的建设、经营须由中方控股，石油天然气勘探开发限于

合资、合作等限制。这是与油气行业外资准入相关的最后两项限制性规定，标志着我国油气行业形成全面对外开放的格局。

12 月 4 日，国务院发布《关于营造更好发展环境支持民营企业改革发展的意见》，提到在电力、电信、铁路、石油、天然气等重点行业和领域，放开竞争性业务，进一步引入市场竞争机制，明确支持民营企业进入油气勘探开发、炼化、销售、储运和管道输送，以及原油进口和成品油出口等领域。

(2) 全面推进矿业权竞争性出让，明确出让收益市场基准价格。12 月 17 日，《中华人民共和国矿产资源法（修订草案）》（征求意见稿）发布，全面推进矿业权竞争性出让，规定除国务院规定可以采取协议方式出让外，县级以上人民政府自然资源主管部门应当采取招标、拍卖、挂牌等多种竞争性方式出让矿业权；实行油气探采合一制度，明确油气矿产资源的探矿权人发现可供开采的油气等矿产资源的，在报告国务院自然资源主管部门后即可进行开采。

12 月 31 日，自然资源部印发《关于推进矿产资源管理改革若干事项的意见（试行）》，明确了在全国范围内探索以出让的收益市场基准价确定的价格等作为油气探矿权竞争出让起始价，开展油气探矿权竞争出让试点。

(3) 进一步推进油气干线管道独立，完善油气管网公平接入机制。3 月 19 日，中央全面深化改革委员会第七次会议正式审议通过《石油天然气管网运行机制改革实施意见》，明确将组建石油天然气管网公司，有利于进一步推进管网全面互联互通，实行输配、输售分离。

5 月 31 日，国家发展改革委、国家能源局等四个部门联合印发《油气管网设施公平开放监管办法》，要求油气管网设施运营企业公开开放服务的条件、程序和剩余能力等信息，公平、公正地为所有用户提供油气管网设施服务；鼓励和支持各类资本参与投资纳入统一规划的油气管网设施；鼓励和支持管网设施互联互通和公平接入，逐步实现油气资源在不同管网设施间的灵活调配。

10 月 23 日，国家能源局印发《关于加强天然气管网设施公平开放相关信息公开工作的通知》，要求天然气管网设施运营企业按照规定公开天然气管网设施基础信息、天然气管网设施剩余能力、服务条件、技术标准、价格标准、申请和受理流程、保密要求、天然气管网设施服务信息及用户合理要求的其他信息。

12月9日，国家油气管网公司正式成立。

（4）进口管道气价将呈“双轨制”，天然气门站价格和成品油价格将视体制改革进程全面放开。3月27日，国家发展改革委发布《关于调整天然气跨省管道运输价格的通知》《关于调整天然气基准门站价格的通知》，决定从4月1日起对中国石油天然气集团有限公司、中国石油化工集团有限公司、中国大唐集团公司、重庆三峡燃气（集团）有限公司、中油金鸿能源投资股份有限公司的13家跨省管道运输企业管道运输价格，以及各省区、直辖市的天然气基准门站价格进行调整，并明确调整后的管道运输价格包含输气损耗等费用，管道运输企业不得在运输价格之外加收其他费用，切实将增值税改革的红利全部让利于用户。

11月11日，国家发展改革委发布《中央定价目录》（修订征求意见稿），将“跨省管道运输价格”列入目录，同时将天然气门站价格移出，门站价格管制向油气管道运输价格管制转变。进口管道气价将呈“双轨制”，2015年以后投产的进口管道天然气价格由市场形成，2014年底前投产的进口管道天然气门站价格暂按现行价格机制管理，视天然气市场化改革进程适时放开由市场形成。成品油价格暂按现行价格形成机制，根据国际市场油价变化适时调整，将视体制改革进程全面放开由市场形成。

（5）减税降费，激发市场活力。3月20日，财政部、税务总局、海关总署联合印发《关于深化增值税改革有关政策的公告》，成品油使用增值税税率由16%下调至13%，天然气和管输费增值税税率由10%下调至9%。

5月29日，中央全面深化改革委员会通过《关于在山西开展能源革命综合改革试点的意见》，提出把山西建设成全国煤炭绿色开发利用基地、电力外送

基地、非常规天然气基地等 5 大基地。建设非常规天然气基地是山西开展能源革命综合改革试点的重点任务，以煤层气为重点，开展煤层气、致密砂岩气、页岩气“三气共采”，全力推进煤层气等非常规天然气增储上产。

6 月 19 日，财政部发布关于《可再生能源发展转型资金管理暂行办法》的补充通知，指出可再生能源发展专项资金支持煤层气（煤矿瓦斯）、页岩气、致密气等非常规天然气的开采利用，且自 2019 年起按照“多增多补”的原则，对超过上年产量的，按照超额程度给予梯级奖补；对未达到上年产量的，按程度扣减。

8 月 26 日，十三届全国人大常委会十二次会议表决通过了《中华人民共和国资源税法》，对低丰度油气田开采的原油、天然气减征 20%资源税，对高含硫天然气、三次采油和深水油气田减征 30%资源税，稠油、高凝油减征 40%资源税，有利于减轻企业负担、激发市场活力，推进油气增储上产。

(6) 简政放权，优化油气行业备案、审批机制。3 月 6 日，国务院印发《关于取消和下放一批行政许可事项的决定》，将油气对外合作项目总体开发方案由审批改为备案，将进一步提高油气行业对外合作的吸引力。

8 月 16 日，国务院印发《关于加快发展流通促进商业消费的意见》，提出取消石油成品油批发仓储经营资格审批，将成品油零售经营资格审批下放至地市级人民政府。

11 月 19 日，国家发展改革委和国家能源局印发《油气开发项目备案及监管暂行办法》，石油天然气（含煤层气）开发项目备案通过全国投资项目在线审批监管平台网上办理，监管机构按照“双随机、一公开”原则实施现场核查。《油气开发项目备案及监管暂行办法》有助于大力提升国内石油天然气（含煤层气）勘探开发力度，进一步优化国内自营、对外合作油气开发项目备案流程，服务中外企业，同时加强项目监管。

(7) 加强油气规划管理，完善基础设施建设。2 月 23 日，国家能源局印发《石油天然气规划管理办法》，明确国家五年石油天然气规划由国家能源局编制、国家发展改革委审定后发布，省级地方规划、央企规划要服从国家规划。对于勘探开发、跨境跨省管道、LNG 接收站、储调设施四类重大项目必须进规划，才能办理后续立项审批手续。此外，《石油天然气规划管理办法》提出建立健全石油天然气规划指标体系，统筹规划并加快油气大数据平台建设等。

6 月 18 日，国家发展改革委和国家能源局发布《关于做好 2019 年能源迎峰度夏工作的通知》，要求中石油、中石化、中海油等主要供气企业要加快推进重点气田新建产能建设，合理安排气田、储气库、管道等基础设施检修，统筹储气库注气进展，保障夏季高峰发电合理天然气需求，确保天然气供应稳定；要加快推进应急储气设施、管网互联互通工程等重点项目建设进度，确保按期建设投产发挥作用；尚未达到储气任务目标的地区，要提前采取增加备用 LNG 罐箱、租赁储气能力、签订可中断用户等方式，补齐储气能力不足的短板。

（8）颁发燃气经营许可和工程安装收费管理办法，进一步规范下游市场。 3 月 11 日，住房和城乡建设部印发《燃气经营许可管理办法（2019 年修订版）》，为规范燃气经营许可行为、加强燃气经营许可管理提供保障。管理办法中明确了所监管的业务范围以及申请燃气许可的资质和申请材料，住房和城乡建设部指导全国燃气经营许可管理工作，燃气经营许可管理由县级及以上地方人民政府燃气管理部门核发。已取得燃气经营许可的燃气经营企业，应当于每年 1 月 1 日至 3 月 31 日向发证部门报送上一年度企业年度报告；燃气经营企业的出资比例、股权结构等重大事项发生变化的，应当在事项变化结束后的十五个工作日内，向发证部门报告并提供相关材料。

6 月 27 日，我国住房和城乡建设厅（局）等部门印发《关于规范城镇燃气工程安装收费的指导意见》，对于目前燃气工程安装过程中存在的部分企业强制服务并收费、收费标准偏高，制定施工单位、限制竞争等问题，明确可收费范围和不可收费范围，提出要加快构建燃气工程安装竞争性市场体系；城镇燃气工程安装收费标准中，原则上成本利润率不得超过 10%；简化城镇居民新建

住宅燃气工程安装等收费方式，规范城镇燃气安装工程施工管理等措施。

（9）平衡环境保护与油气勘探开发、消费之间的关系，加快推进能源清洁化转型。2 月 27 日，生态环境部办公厅印发《2019 年全国大气污染防治工作重点》，提出 2019 年低于国家标准的城市颗粒物年平均浓度（PM2.5）比上年同期下降 2%，地级以上城市平均优良天数比率达到 79.4%等大气环境目标，并要求抓好柴油货车污染治理，全面加强对柴油车环保标准的监督管理；推进煤炭、矿石等“革命铁路”长途运输，大幅提高铁路、水路运输比重。

6 月 26 日，国家能源局印发《关于解决“煤改气”“煤改电”等清洁供暖推进过程中有关问题的通知（征求意见稿）》，敦促各方按时签订“煤改气”天然气供用气合同，切实履行“照付不议、偏差结算”等条款，保障“煤改气”平稳有序推进；优化完善“煤改气”门站价格政策，灵活运用市场化交易机制，确保民生用气门站价格总体稳定；因地制宜拓展多种清洁供暖方式，在具备条件的城镇和农村地区，继续发展“煤改电”“煤改气”。

8 月 26 日，生态环保部、自然资源部联合印发《生态保护红线勘界定标技术规程》，要求对生态保护红线内涉及矿业权、国家规划矿区、战略性矿产储量规模在中型以上的矿产地等边界进行校核，并预留发展空间。11 月 1 日，国务院印发《关于在国土空间规划中统筹划定落实三条控制线的指导意见》，指出生态红线内因国家重大能源资源安全需要开展的战略性能源资源勘查等活动排除在有限人为活动管控之外，平衡环境保护与油气勘探开发之间的关系。

9 月 25 日，国家生态环境部、国家发展改革委等多个部门联合发布《京津冀及周边地区 2019－2020 年秋冬季大气污染综合治理攻坚行动方案》，要求有效推进清洁取暖，2020 年采暖期前平原地区基本完成生活和冬季取暖散煤替代的任务要求。坚持宜电则电、宜气则气、宜煤则煤、宜热则热，各地合理确定“煤改气”户数；抓好天然气产供储销体系建设；优化天然气使用方向，采暖期新增天然气重点向京津冀及周边地区等倾斜；各地进一步完善调峰用户清单，夯实“非压保民”应急预案。

12月4日，国家发展改革委、国家能源局等多个部门联合印发《关于促进生物天然气产业化发展的指导意见》，指出促进生物天然气产业化发展有利于构建分布式可再生能源清洁燃气生产消费体系、优化天然气供给结构，并提出到2025年我国生物天然气年产量超过100亿m^3，到2030年年产量超过200亿m^3的目标。此外，意见中还提到以单个日产1万～3万m^3项目为重点，推进分布式生物天然气商业化开发建设；对投资建设项目以及并入燃气管网消纳生物天然气的燃气经营企业，国家油气企业在常规天然气分配上给予支持。

12月31日颁布的《中华人民共和国矿产资源法（修订草案）》（征求意见稿）中，明确矿业权人应当履行生态修复义务；采矿权人应当依据国家有关规定，按照销售收入的一定比例提取矿区生态修复资金，专项用于矿区生态修复，并计入企业成本，在矿山闭坑前或者闭坑后的合理期限内完成矿区生态修复工作。

B.3　可再生能源政策

（1）积极推进平价上网项目建设。2019年1月7日，国家发展改革委和国家能源局发布《关于积极推进风电、光伏发电无补贴平价上网有关工作的通知》（发改能源〔2019〕19号），有关措施包括：开展平价上网项目和低价上网试点项目建设，清理和废止未在规定期限内开工并完成建设的风电、光伏发电项目，为平价上网项目和低价上网项目让出市场空间；优化平价上网项目和低价上网项目投资环境；保障优先发电和全额保障性收购，确保风电、光伏发电平价上网项目和低价上网项目所发电量全额上网，允许在全国范围内参加发电权交易；鼓励平价上网项目和低价上网项目通过绿证交易获得合理收益补偿；降低就近直接交易的输配电价及收费；扎实推进本地消纳和跨省区平价上网项目和低价上网项目建设；创新金融支持方式，开发适合项目特点的金融产品，动态完善能源消费总量考核支持机制等。

2019年5月20日，国家能源局、国家发展改革委联合公布了2019年第一

批风电、光伏发电平价上网项目，并要求电网企业确保平价上网项目优先发电和全额保障性收购，按项目核准（备案）时国家规定的当地燃煤标杆上网电价与风电、光伏发电平价上网项目单位签订长期固定电价购售电合同（不少于 20 年）。本次公布项目涉及总装机规模 2076 万 kW，其中光伏发电装机规模 1478 万 kW，风电 451 万 kW。光伏发电中以广东、陕西、广西、黑龙江、河北最多，风电集中在河南、黑龙江、吉林。

（2）建立可再生能源消纳长期机制。5 月 10 日，国家发展改革委、国家能源局联合印发《关于建立健全可再生能源电力消纳保障机制的通知》，决定对各省级行政区域设定可再生能源电力消纳责任权重，建立健全可再生能源电力消纳保障机制。通知指出各省级能源主管部门会同经济运行管理部门负责督促未履行消纳责任的市场主体限期整改，明确了可再生能源电力消纳责任权重是指按省级行政区域对电力消费规定应达到的可再生能源电量比重，包括可再生能源电力总量消纳责任权重和非水可再生能源电力消纳责任权重，同时也明确了政府部门、电网企业、各类市场主体的责任。文件对全国各省设定了2018—2020 年可再生能源电力总量最低消纳责任权重。分省份来看，水电资源相对丰富的省份如四川、云南、青海等对应最低消纳责任权重更高，分别为 80%、80%、70%、50%和 47%。对于非水可再生能源，文件同时明确了各省的最低消纳责任权重，青海、宁夏、甘肃等西北省份相应权重最高，分别为 25%、20%和 19%。

（3）光伏发电推动资源配置市场化。4 月 28 日，国家发展改革委印发《关于完善光伏发电上网电价机制有关问题的通知》，旨在科学合理引导新能源投资，实现资源高效利用，促进公平竞争和优胜劣汰，推动光伏发电产业健康可持续发展。文件将集中式光伏电站标杆上网电价改为市场化竞价下的指导价，Ⅰ～Ⅲ类资源区指导价分别为每千瓦时 0.40 元、0.45 元、0.55 元，规定新增集中式光伏电站上网电价原则上通过市场竞争方式确定，不得超过所在资源区指导价。此外，通知还下调了新增分布式光伏发电的补贴标准，工商业分布式采用“自发自用、余量上网”的补贴标准为每千瓦时0.10元，“全额上网”模式按光伏电站指导价执行，通过市场竞争方式配置的，市场竞争形成的价格不得超过所在资源区指导价，且补贴标准不得超过每千瓦时0.10元。

5月30日，国家能源局发布《2019年光伏发电项目建设工作方案》，要求发挥市场在资源配置中的决定性作用，除光伏扶贫、户用光伏外，其余需要国家补贴的光伏发电项目原则上均须采取招标等竞争性配置方式。国家能源局表示，今后光伏发电建设的管理机制，可以概括为“六个定”，即财政部门定补贴额度、价格部门定价格上限、能源部门定竞争规则、企业定补贴强度、市场定建设规模、电网定消纳能力。

（4）风电明确平价上网节点。5月21日，国家发展改革委印发《关于完善风电上网电价政策的通知》，将陆上风电和海上风电标杆上网电价改为指导价，新核准的集中式陆上风电和海上风电项目上网电价全部通过竞争方式确定，不得高于项目所在资源区指导价。通知同时规定，2018年底前核准的陆上风电项目，2020年底前仍未完成并网的，国家不再补贴；2019年1月1日到2020年底前核准的陆上风电项目，2021年底前仍未完成并网的，国家不再补贴；自2021年1月1日开始，新核准的陆上风电项目全面实现平价上网，国家不再补贴。

5月30日，国家能源局发布《2019年风电项目建设工作方案》，鼓励支持在同等条件下优先建设平价上网风电项目，突出推进平价上网和加大竞争力度配置的政策导向。一是对2019年不需国家补贴竞争配置项目总量规模的地区，在确保具备消纳条件的前提下，可开展建设与消纳能力相匹配的平价上网风电项目；二是各地区消纳能力配置方面，在不影响已并网和核准有效项目的电力消纳基础上，测算确认的消纳能力优先向新建平价上网项目配置；三是对已核准并在有效期的在建项目，如消纳能力有限，优先落实自愿转为平价上网项目的电力送出和消纳。

参 考 文 献

[1] EMBER. EMBER 2020 Global Electricity Review [R]. EMBER，2020.

[2] Royal Dutch Shell. Shell LNG Outlook 2020 [R]. 2020.

[3] BP p. l. c.. BP Statistical Review of World Energy 2020 [R]. BP p. l. c.，2020.

[4] 陈嘉茹，陈建荣，燕菲．中国油气行业改革深入推进——2018年中国油气政策综述 [J]. 国际石油经济，2019，027（002）：84-90.

[5] 刘朝全，姜学峰．2019年国内外油气行业发展报告 [M]. 石油工业出版社，2016.

[6] 王佩．2019年全球石油供应回顾与2020年展望 [J]. 国际石油经济，2020.

[7] United Nations. World Economic Situation and Prospects as of mid-2020 [R]. United Nations，2020.

[8] International Energy Agency. Global Energy Review 2020 [R]. International Energy Review，2020.

[9] Frank G，Robert M，et al. Impacts and Implications of COVID-19 for the Energy Industry [R]，THE Brattle GROUP，2020.

[10] 全球能源互联网发展合作组织．我国经济和能源电力发展研究——2019年回顾与2020年展望 [R]. 全球能源互联网发展合作组织，2020.

[11] 中国电力企业联合会．2020年一季度全国电力供需形势分析预测报告 [R]. 中国电力企业联合会，2020.

[12] 中国电力企业联合会．全国电力工业统计月报（5月） [R]. 中国电力企业联合会，2020.

[13] 国网能源研究院有限公司．2020中国电力供需分析报告 [M]. 中国电力出版社，2020.

[14] 国家能源局天然气司，国务院发展研究中心资源与环境政策研究所，自然资源部油气资源战略研究中心．中国天然气发展报告 [R]. 石油工业出版社，2020.